ARCHITECTURE ROMANE

DU

MIDI DE LA FRANCE

ARCHITECTURE
ROMANE

DU

MIDI DE LA FRANCE

DESSINÉE, MESURÉE ET DÉCRITE

PAR

HENRY REVOIL

ARCHITECTE DU GOUVERNEMENT

ATTACHÉ A LA COMMISSION DES MONUMENTS HISTORIQUES,
MEMBRE N. R. DU COMITÉ DES TRAVAUX HISTORIQUES,
MEMBRE HONORAIRE ET CORRESPONDANT DE L'INSTITUT ROYAL DES ARCHITECTES BRITANNIQUES
ET DE PLUSIEURS SOCIÉTÉS SAVANTES.

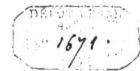

TOME PREMIER

PARIS

Vᵛᵉ A. MOREL & Cⁱᵉ, LIBRAIRES-ÉDITEURS

13, RUE BONAPARTE

M DCCC LXXIII

INTRODUCTION

Les édifices élevés du ix⁰ au xii⁰ siècle dans les provinces méridionales de la France étaient, il y a quarante ans, peu connus & rarement visités; plusieurs, éloignés des grands centres, étaient d'un accès difficile & coûteux. D'ailleurs, il faut bien le dire, dédaignant cette période de notre architecture nationale, on considérait alors l'art roman comme un art de transition imparfait, &, partant de là, on négligeait complétement son étude. Cependant quelques hommes d'élite, peintres, archéologues ou architectes, comprenant l'injustice d'un tel oubli, surent apprécier le mérite de cette architecture; ils lui prêtèrent le charme de leur plume ou de leur crayon, & appelèrent l'attention des artistes & des voyageurs sur ces monuments remarquables, qui attestaient le savoir habile, souvent même le génie des *maîtres ès pierres,* qui les conçurent & les exécutèrent. Les églises de Saint-Trophime, de Saint-Gilles, du Thor, bien d'autres monuments de la même époque, ne sont-ils pas en effet des œuvres de génie, où l'architecte & le sculpteur peuvent chercher & trouver de beaux modèles, d'heureuses inspirations?

Classer, décrire, retracer dans leur ensemble & surtout dans leurs détails ces types trop longtemps ignorés de l'architecture romane du Midi de la France, tel est le but de notre ouvrage.

Ces études, exactement relevées & jusqu'à ce jour inédites, sauf quelques exceptions, comprennent les constructions civiles, malheureusement bien rares aujourd'hui, & les édifices religieux, nombreux au contraire, qui couvrent la Provence, le comtat Venaissin & la partie du Languedoc voisine de ces anciennes provinces.

A l'aide des diverses monographies de ce recueil, il sera facile d'observer la marche progressive de l'art de bâtir, dans ces contrées, durant la période qui s'étend du ıx° siècle à la fin du xıı°. On distinguera aussi aisément, à l'aide des nombreux détails dont le caractère a été religieusement observé, d'abord l'influence antique, puis une ornementation & des profils qui donnent à cette architecture un caractère propre & distinctif.

Quand on étudie les modifications successives de ces divers monuments religieux au point de vue de leur forme, on est naturellement amené aux observations suivantes :

C'est d'abord un édicule carré, terminé par une abside circulaire, souvenir des formes de l'ancienne basilique, & contenant tout au plus une vingtaine de fidèles, comme la chapelle de Saint-Vérédême sur les bords du Gardon; ou bien encore une nef, avec un sanctuaire, surmontée d'une sorte de coupole, terminée aussi par une abside, comme la chapelle de la Trinité dans l'île de Saint-Honorat de Lérins. Puis, la chapelle s'agrandit. Alors la voûte en plein cintre, ou parfois ogivale, qui la recouvre, est divisée en plusieurs travées, trois le plus ordinairement, par de grands arcs saillants de mêmes courbures, reposant sur des piliers & contre-butés par des contre-forts extérieurs. Telles sont la chapelle de Mollégés (Bouches-du-Rhône), & celle plus grande de Saint-Gabriel, près de Tarascon, vrai modèle en ce genre, dont le plan fut souvent imité.

La simplicité la plus grande préside à la construction de ces premiers sanctuaires. Un petit nombre seulement reçoit, sur sa façade principalement, une sobre ornementation, reproduction presque exacte des moulures & des fragments antiques conservés dans ces contrées.

Mais en même temps l'art byzantin apporte une variété heureuse dans la structure & la décoration des édifices religieux. Comme exemple, on trouvera dans ce recueil la chapelle de Sainte-Croix de Montmajour, avec son élégante corniche à modillons, ornée de motifs rappelant ceux de l'Orient; l'église de Saint-Martin de Londres (Hérault), dont le plan offre une disposition aussi originale qu'élégante.

Revenant à l'église à une seule nef, on la voit ensuite terminée par une abside flanquée d'absidioles. Telles sont l'église de Saint-Pierre de Reddes & celle de Saint-Quenin de Vaison, dont le plan est un véritable chef-d'œuvre. Les absides, simples d'abord, reçoivent plus tard une décoration importante à l'intérieur : ce sont de riches arcatures supportées par des colonnes; à l'extérieur, des pilastres ou des colonnes amortissent les angles du polygone qui les contournent. Les églises de Cavaillon, de Noves, de Saint-Quenin de Vaison, des Saintes-Maries, de Saint-Paul-Trois-Châteaux, du Thor, & bien d'autres, offrent à l'architecte & à l'archéologue les détails les plus intéressants à étudier.

Les proportions grandissant, avec le nombre de ceux qui fréquentent ces premiers temples chrétiens, les murs latéraux de la nef sont percés entre les contre-forts par des arcades, & l'établissement des bas côtés apparaît d'abord comme facilité de circulation & aussi pour servir d'arcs-boutants à la voûte de la nef principale. Ces

INTRODUCTION.

passages s'élargissent & deviennent des nefs latérales, terminées par des absides servant de chapelles.

Mais l'édifice ainsi construit étant encore trop exigu pour les besoins du culte, on interrompt la grande nef par le transsept; elle se continue par le chœur & se termine par la grande abside. Ces transsepts reçoivent quelquefois une ou deux absides chacun, comme on le voit au Thoronet, à Montmajour, à Senanque & à Silvacanne.

Dans le plan du temple chrétien, cette nouvelle forme représentative de la croix est le signe de la rupture complète avec les traditions de l'art païen, continuées jusques alors par la disposition de la basilique; c'est le début du symbolisme architectural du moyen âge.

Sur ce transsept s'élève parfois une coupole, & cette coupole supporte le clocher, comme à Notre-Dame-des-Aliscamps d'Arles, à l'église du Thor, à celle de Cavaillon & à Notre-Dame-des-Doms, à Avignon.

Les porches précédant l'entrée de l'église servaient principalement d'abri contre les intempéries du temps. Sainte-Croix de Montmajour, Notre-Dame-des-Doms, Notre-Dame-du-Thor, Saint-Paul-Trois-Châteaux, nous offrent des exemples de ces annexes, très-ingénieusement disposées & décorées.

Un autre perfectionnement est apporté plus tard dans l'ordonnance de l'église romane, déjà si complète & si bien étudiée, par le prolongement des bas côtés autour de l'abside & par l'addition de chapelles autour de ce « *deambulatorium* » circulaire. Tel est le plan de l'église abbatiale de Saint-Gilles, un des monuments les plus beaux & les plus complets parmi ceux que l'architecture du xiie siècle a élevés dans nos contrées méridionales. Il est probable que l'architecte de ce remarquable édifice s'inspira de la crypte de Montmajour, construite vers la fin du ixe siècle, & dont le plan est une des représentations symboliques les plus complètes.

Telles sont les diverses transformations de l'église romane dans le Midi de la France, depuis le ixe siècle jusqu'à la fin du xiie. A partir de cette époque, les façades s'enrichissent : Saint-Trophime & Saint-Gilles offrent encore à notre admiration leurs superbes frontispices où l'iconographie chrétienne se marie si bien à l'ornementation la plus riche & la plus variée.

Autour de la chapelle ou de l'église, d'abord isolées, viennent se grouper des constructions, demeures des moines desservant ces sanctuaires. Parmi les bâtiments monastiques, les cloîtres occupent la première place dans la prédilection de ces religieux architectes, à qui nous devons les plus beaux monuments du moyen âge.

C'est dans ces galeries, ouvertes sur le préau par d'élégants portiques, que sont prodigués, principalement sur les chapiteaux, les sculptures & les ornements de toute espèce. Aussi cette série d'édifices tient-elle une grande place dans ce recueil.

Le clocher, cette annexe indispensable de l'église, mérite dans les contrées méridionales une étude sérieuse; plusieurs exemples importants sont reproduits avec de nombreux détails dans cette publication.

INTRODUCTION.

Remarquable sous plus d'un rapport & malgré certaines imperfections, la statuaire romane devait trouver sa place parmi ces études. En effet, sous la rudesse de leurs formes, parfois naïves, ces figures ont souvent beaucoup de caractère. Leurs draperies s'ajustent avec élégance & leurs proportions s'harmonisent presque toujours parfaitement avec la décoration architecturale.

La sculpture d'ornement, les détails & les profils, études si utiles pour l'architecte, se retrouvent en abondance dans l'architecture romane; nous avons choisi dans cette mine inépuisable les types les plus caractéristiques.

Nous avons déjà dit combien sont rares dans le Midi de la France les constructions civiles de la première période du moyen âge; la maison romane de Saint-Gilles, quelques beaux fragments de la maison située près de la cathédrale de Nîmes & le château de Simiane dans les Basses-Alpes, dont nous donnons les monographies, sont les exemples qui nous ont paru les plus intéressants dans la Provence, le Comtat & le Bas-Languedoc.

Les guerres, les exigences de mœurs nouvelles, l'agrandissement des voies publiques & parfois les inflexibles rigueurs de l'alignement, ont fait disparaître jusqu'aux traces de nombreux bâtiments civils ou domestiques dont l'histoire seule nous rappelle l'existence.

Les lignes qui précèdent suffisent pour indiquer le but & le plan de notre recueil.

Pendant le cours de sa publication, nous avons revu bien souvent les monuments dont nous reproduisions l'ensemble & les détails. C'est à cet examen réitéré & consciencieux que nous devons les observations & les découvertes importantes consignées dans notre « *Appendice* ». Elles nous ont permis, dans notre texte, de déterminer pour certains édifices une époque & une origine jusques à présent contestées.

A l'aide de tous ces documents & avec les descriptions détaillées de nos monographies, il sera facile, même à ceux qui n'ont jamais visité les monuments, élevés du ixe au xiie siècle dans le Midi de la France, de les classer chronologiquement, de les étudier en détails, & d'y puiser d'utiles & fécondes inspirations.

Henry Révoil,
Architecte.

ARCHITECTURE ROMANE

DU MIDI DE LA FRANCE

ÉDIFICES RELIGIEUX

CHAPELLES ET ORATOIRES

CHAPELLE DE L'ILE SAINT-HONORAT

(ILES DE LÉRINS — ALPES-MARITIMES)

Planche I.

A l'extrémité orientale de l'île Saint-Honorat de Lérins, sur les côtes de la Méditerranée, s'élève une petite chapelle dédiée à la sainte Trinité.

Au premier aspect, ce singulier édicule laisse une très-grande incertitude sur l'époque de sa construction; mais après un examen plus attentif, on reconnaît qu'elle doit être de beaucoup antérieure au xie siècle. Composée d'appareils réguliers posés négligemment, dépourvus de profils, sans la moindre décoration, cette chapelle a paru à tous les archéologues & à tous les architectes qui l'ont visitée jusques à présent pouvoir être citée comme l'une des premières qui furent élevées dans la Gaule chrétienne, & sur ce coin de terre célèbre dans les annales de l'Église.

ILE DE SAINT-HONORAT (PLAN DE L'ILE)

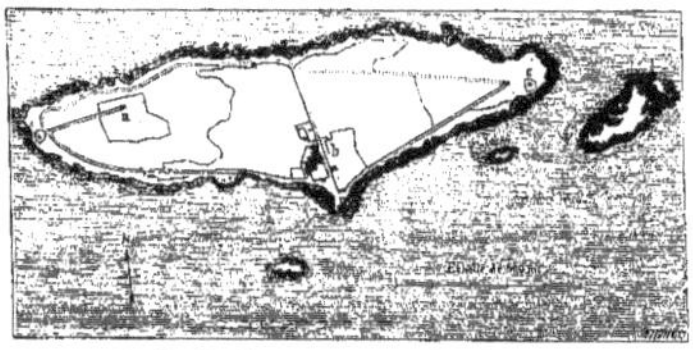

(a) Chapelle Saint-Sauveur. — (b) Château & monastère.
(c) Chapelle de la Trinité.

Pendant l'occupation de l'île par les Espagnols, diverses parties, qu'il est facile de distinguer des constructions primitives, furent ajoutées aux gros murs de ce petit sanctuaire.

Il se compose d'une nef recouverte d'une voûte plein-cintre, divisée en deux fractions par un arc doubleau ; cet arc repose sur deux colonnes surmontées de tailloirs grossièrement ouvrés qui se relient avec le cordon placé à la naissance de la voûte.

Une arcade étroite sépare la nef des trois absides qui la terminent.

Une petite coupole à base circulaire & de forme conique surmonte l'espace compris entre ces deux absides. C'est par un appareil aussi étrange que barbare que le constructeur est arrivé à former la section régulière de cette calotte : l'examen du plan &.de la coupe représentés sur la planche première de ce volume permet de se rendre compte de cette curieuse construction.

« Nous ne croyons pas, dit M. Viollet-le-Duc, dans son savant dictionnaire d'ar-
« chitecture française, qu'il existe en Occident une coupole plus ancienne que celle de
« l'église de la Trinité. Et cet exemple, qui probablement n'était pas le seul, indiquerait
« que les architectes de l'art roman étaient fort préoccupés de l'idée d'élever des cou-
« poles sur pendentifs, car à coup sûr il était vingt procédés plus simples pour voûter
« la travée principale de cette chapelle, sans qu'il y eût nécessité de recourir à ce
« moyen. Il y avait là évidemment l'idée d'imiter ces constructions byzantines qui alors
« passaient pour les chefs-d'œuvre de l'art de l'architecture (1). »

On voit encore couché sur le sol de l'abside principale un autel primitif qui se trouvait placé sur une grande pierre recouvrant un caveau peu profond. Quelques ossements parmi lesquels une tête remplie d'algues marines furent découverts dans ce caveau. Malgré l'absence d'inscriptions, de signes religieux & de renseignements sur cette sépulture, il semblerait que, placée sous l'autel & dans de telles conditions, elle a dû renfermer des restes vénérés par les disciples d'Honorat.

Deux croix formées par des briques incrustées dans la maçonnerie sont la seule décoration de la façade principale, percée d'une petite fenêtre étroite & d'une porte dont le linteau & les grands appareils de jambages ressemblent aux constructions cyclopéennes de la Grèce.

Des fouilles intéressantes, faites par un architecte distingué (2), lui ont fait découvrir les deux absides latérales & les murs de diverses chambres ou caveaux souterrains groupés autour de ce petit édifice ; ces caveaux étaient destinés sans doute à servir de sépulture, peut-être même d'asile à des reclus volontaires.

Avant de quitter l'île Saint-Honorat, où nous reviendrons plus tard pour décrire l'église abbatiale, il convient de citer ici la chapelle de Saint-Sauveur, placée au nord-ouest & à une distance de cent cinquante mètres environ des bâtiments claustraux.

Un épais badigeon & des enduits récemment faits ne permettent plus d'étudier convenablement les appareils de cette intéressante construction. Heureusement le savant inspecteur des monuments historiques de France l'a décrite avec le plus grand soin avant la regrettable transformation qu'elle a subie.

---

(1) On trouve aussi dans le *Dictionnaire raisonné de l'architecture française* de M. Viollet-le-Duc, tome VI, pages 348 à 350, des observations très-intéressantes sur la construction de ce petit édifice.

(2) M. Vasserot. Voir les *Iles de Lérins*, par l'abbé Alliez, page 47.

« Je pense, dit M. Mérimée en parlant de cette chapelle, qu'elle a servi dans
« le principe de baptistère; car dans les églises primitives, les baptistères formaient
« ordinairement un édifice à part; celui-ci pourtant est bien éloigné de l'église, mais
« une grande quantité de décombres amoncelés dans le voisinage peuvent faire supposer
« que quelques bâtiments occupaient cet intervalle. Sa forme est octogone avec une
« abside très-basse, semi-circulaire à l'orient. La porte est en face; les six autres côtés
« présentent chacun à l'intérieur une espèce de niche cintrée. La voûte forme un dôme
« peu élevé, construit en blocage, avec des arêtes correspondant & s'appuyant aux
« angles de l'octogone. Il en résulte une espèce d'étoile dont l'effet est assez agréable;
« le diamètre du bâtiment mesure environ une vingtaine de pieds, & sa hauteur
« douze. L'appareil est de moellons à peine taillés, noyés dans une épaisse couche de
« ciment; d'ailleurs pas une moulure, pas un seul ornement. La porte d'entrée est basse
« & cintrée; les claveaux inégaux & assez mal joints sont en nombre pair, en sorte
« qu'il se rencontre un joint au sommet de l'archivolte. De cette disposition résulte
« une forme indécise qui tient un peu de l'ogive. Parmi le grand nombre de causes
« naturelles qui ont pu donner l'idée de l'ogive, on peut penser, avec quelque proba-
« bilité, que des claveaux en nombre pair entraînent une pointe au sommet de l'arc, &
« par conséquent lui donnent la forme qu'on observe dans toutes les ogives primitives.

« Ici, il paraît évident que la forme mixte de l'arc ne peut être attribuée qu'à la
« maladresse de l'ouvrier; mais il n'est pas invraisemblable que ce que le hasard a produit
« d'abord aura été répété lorsque la solidité de cette disposition aura été constatée.

« L'absence de tout ornement caractéristique, ajoute-t-il, rend très-problématique
« la date de ce bâtiment; pourtant la simplicité, la rudesse de la construction, & le rap-
« port qu'elle présente avec celle des bâtiments de l'ancienne abbaye, donnent lieu
« de croire qu'il a été élevé à la même époque, peut-être même est-il plus ancien. »

Selon l'abbé Alliez, il ne faudrait pas être surpris de cette supposition d'un
baptistère à Lérins, « puisque, dit-il, d'après un usage assez répandu dans les premiers
« siècles de l'Église, on voyait les nouveaux convertis passer quelque temps dans les
« monastères pour se préparer au baptême & s'instruire des vérités de la foi. On pour-
« rait peut-être croire cela de Lérins en particulier, d'après le passage suivant de la
« décision du concile d'Arles, réuni pour régler les droits de l'évêque de Fréjus & les
« immunités du monastère : « Que le chrême soit reçu de l'évêque, & que lui seul
« confirme les néophytes, s'il s'en trouve. »

Chrisma nonnisi ab ipso (episcopo) speretur; Neophisti, si fuerint, ab eodem confirmentur.

Cette chapelle possède aussi un autel primitif très-curieux dont nous donnons le
dessin dans un chapitre spécial du tome troisième de cette publication.

ORATOIRE DE SAINT-VÉRÉDÈME (GARD)

Planche II.

Dans les premiers siècles de l'ère chrétienne, les apôtres de l'Évangile aimaient à quitter le tumulte des villes & choisissaient comme lieu de leur retraite quelque solitude où ils pouvaient se recueillir en silence & se livrer à la méditation : un simple abri dans des grottes naturelles, ou taillées de leurs mains dans les roches calcaires, suffisait à ces pieux solitaires. — Mais quelque cachée que fût leur retraite, elle devenait bientôt un lieu de pèlerinage, où le bruit de leurs vertus & de leur sainteté appelait les fidèles du Christ.

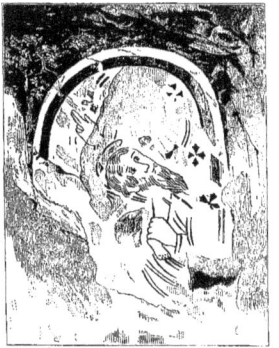

Peinture sur le rocher.

C'est ainsi que sur les bords du Gardon, à quelques kilomètres de Nîmes, dans la gorge sauvage & pittoresque de la Baume, se retira un anachorète nommé Vérédème, placé depuis par l'Église au nombre de ses saints. Sous l'avancement d'un rocher, auquel on arrive avec peine par un sentier escarpé, se trouve abritée une petite plate-forme. Il est facile d'y reconnaître, encore taillée dans le roc, la couche du solitaire, au-dessus de laquelle une main pieuse peignit plus tard, sur la pierre elle-même, un saint Christophe portant Jésus enfant, pour mettre sous leur protection le gué difficile de la rivière en cet endroit.

C'est là qu'en l'honneur de ce compagnon de saint Gilles, s'éleva, au XIe siècle, le petit édicule que nous avons choisi comme premier type du plan roman. Formé d'un carré de 2^m 10 sur 2^m 70 en œuvre, ce petit sanctuaire se termine par une abside de 1^m 30 de profondeur : une voûte en berceau plein-cintre le recouvre & supporte sa toiture en dalles : une porte carrée, surmontée d'une petite baie allongée & terminée circulairement, constitue la seule décoration de la façade.

L'abside est ornée de peintures de la fin du XIIIe siècle, hommage sans doute de deux chevaliers dont les blasons sont peints sur les deux pieds-droits formant l'entrée du cul-de-four (1).

---

(1) On nommait *Cella* ces petits oratoires. La Portiuncula, située près d'Assise, célèbre par le séjour & la mort de saint François en 1226, nous donne un plan identique de la petite chapelle de Saint-Vérédème. (Voir Albert Lenoir, *Architecture monastique*, tome I, page 8.)

Une inscription de dédicace est encastrée à droite dans un de ces pieds-droits. Ces plaques commémoratives ont une importance très-grande au point de vue archéologique, en ce qu'elles indiquent par la forme de leurs caractères l'époque approximative de la construction qu'elles fixent rarement dans la composition de leur texte d'une manière précise.

Celle-ci nous paraît appartenir à la première moitié du xie siècle.

Inscription de Dédicace.

La Portiuncula.

La chapelle de Saint-Vérédème vient d'être soigneusement restaurée. Ainsi sera conservé bien longtemps encore ce premier jalon de l'architecture romane du bas Languedoc.

CHAPELLE DE MOLLÉGÈS (BOUCHES-DU-RHONE)

Planche II.

La chapelle du cimetière actuel de Mollégès, de dimension plus grande, qui prend la seconde place dans la planche 11, nous indique la première modification du plan-type de l'oratoire de Saint-Vérédème. Cette modification consiste dans l'allongement de la nef divisée en deux parties par un arc doubleau reposant sur un pilier. Sur ses faces latérales, de chaque côté de ce pilier, s'élèvent deux grandes arcatures : on profitait de cet enfoncement décoratif & servant à diminuer l'épaisseur des murs latéraux, pour établir des bancs de pierre ou de bois. Plusieurs exemples viennent à l'appui de cette observation.

Dans la chapelle de Mollégès l'ordonnance architecturale devient moins sévère, un cordon mouluré supporte la voûte en berceau sensiblement ogivale, & des impostes ornées de profils couronnent les pieds-droits des arcatures.

Une petite ouverture dans l'abside & une baie très-évasée sur la façade ajourent cet oratoire construit en pierres de taille de moyen appareil & sur lesquelles on observe une seule marque de tâcheron d'une forme originale. Nous reviendrons sur ces sigles curieux dont l'étude présente un véritable intérêt.

Ce petit édifice de la fin du xie siècle est placé depuis longtemps sous le vocable de saint Thomas. Il n'existe sur son origine aucun document historique.

ORATOIRE DU FORT SAINT-ANDRÉ

DE VILLENEUVE-LÈS-AVIGNON (GARD)

Planche III.

« On disposait certains oratoires au milieu des forteresses du moyen âge : placés
« sous le vocable d'un saint particulièrement vénéré dans la contrée & dépositaires
« de quelques-unes de ses reliques, ils protégeaient les défenses. C'est ainsi qu'au
« milieu de la cité de Villeneuve-lès-Avignon, on voit encore un oratoire du xiie siècle
« conservé au milieu de l'enceinte rebâtie au xive siècle (1). »

Les chroniqueurs nous apprennent bien que sainte Césarie se retira sur les bords du Rhône, dans une grotte au bas de la montagne appelée Andoane & devenue aujourd'hui la cité de Villeneuve-lès-Avignon, & qu'après la mort de cette sainte, en décembre 587, sous le pontificat de Pélage second, cette montagne devint l'objet de la vénération des habitants de ces contrées (2) : cependant ce n'est point à cette sœur de saint Trophime que fut dédié ce petit oratoire qui s'élève encore presque intact au milieu du fort Saint-André.

L'inscription que voici, placée dans le tympan de la porte latérale, nous apprend qu'elle fut bâtie en l'honneur de la sainte Vierge.

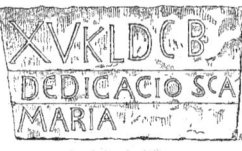

Inscription de dédicace.

L'ordonnance de cet oratoire ressemble à celle de la chapelle de Mollégès : elle n'en diffère que par la forme de son abside & par la position de sa porte placée sur la façade latérale du côté du midi. Il convient ici de remarquer que cette disposition des ouvertures se reproduit souvent dans le midi de la France suivant l'orientation & la position des édifices. C'est également pour se défendre de la violence du vent du nord qu'on évitait presque généralement de pratiquer des fenêtres dans les façades septentrionales.

---

(1) Viollet-le-Duc, *Dictionnaire raisonné d'architecture*, tome VI, page 447.

(2) *Histoire de Villeneuve-lès-Avignon*, par Joseph Vaillen, prêtre & bénéficier du chapitre Notre-Dame de Villeneuve; manuscrit in-4°, de 1737, cote B-3863, conservé dans la bibliothèque de Nîmes.

Un escalier latéral conduit à cet oratoire construit sur une crête de rocher. Rien de plus élégant que son abside; circulaire à l'intérieur, & à pans coupés à l'extérieur, elle est couronnée par des arcatures surmontées de modillons portant une dalle formant corniche & servant de première assise au dallage qui la recouvrait. La nef & les pignons sont terminés par une corniche semblable.

Les moulures de cet oratoire trahissent une réminiscence des profils antiques. On remarque, dans la fenêtre de l'abside, un de ces remplissages en pierre & percés à jour, que l'on voit encore dans plusieurs des basiliques d'Italie, mais qui sont devenus très-rares actuellement en France. Il représente une croix grecque, dont les bras forment le plein & les intervalles le vide. Sur le côté gauche de la porte d'entrée, à un mètre de hauteur, on peut

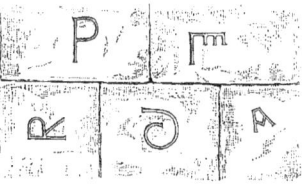

lire le commencement d'une inscription du xiie siècle inachevée, mais dont les lignes doubles sont tracées sur une seule assise; en voici la teneur :

HICIACETHVMAT...

L'appareil assez régulier de cet oratoire porte bon nombre de marques de tâcherons dont nous donnons ci-dessus quelques spécimens.

ORATOIRE DE SAINT-TROPHIME

PRÈS ARLES (BOUCHES-DU-RHONE)

Planches IV et V.

Au versant méridional de la colline de Montmajour, dans le flanc de ses roches calcaires, se trouve une grotte qui servit, comme celle de la Baume précédemment décrite, de lieu de retraite à des religieux. La chronique prétend que saint Trophime, ce premier apôtre d'Arles chrétienne, se retirait pour se recueillir dans cette solitude voisine de la grande cité qu'il évangélisait.

Une première excavation, assez grande, servait sans doute de lieu de réunion pour la prière, lorsque les fidèles venaient visiter le saint dans sa retraite. La seconde, plus petite, devait abriter sa couche.

C'est contre ces grottes calcaires que fut appliqué l'intéressant édifice qui s'éleva plus tard & qui a conservé le nom de *Confessionnal de saint Trophime*.

Une sorte de petit pronaos, ou vestibule, dans lequel on remarque deux sarcophages taillés dans le rocher, précède la nef flanquée de trois arcatures supportées par huit colonnes. Ces colonnes sont surmontées de chapiteaux grossièrement sculptés, mais cependant d'un assez beau caractère : le sanctuaire, terminé par une abside & séparé de la nef par un arc doubleau, présente une ordonnance analogue.

Fig. 1. — Le pilastre.

Le côté sud de cette nef est percé de quatre fenêtres, parfaitement appareillées & surmontées à l'extérieur d'archivoltes ornées de billettes. Une corniche dentelée supportée par onze modillons d'une forme très-originale couronne cette élévation latérale, qui vient s'harmoniser de la façon la plus pittoresque avec les beaux rochers contre lesquels elle se trouve adossée. La toiture est formée de dalles en pierre tendre, extraites sur les lieux mêmes, comme tous les appareils de cet oratoire & de ses annexes. Quatre grands contre-forts ont été flanqués contre cette façade méridionale, postérieurement à l'origine de sa fondation.

Il est facile de distinguer sur le plan comment ces diverses constructions sont venues se relier aux deux excavations du rocher, & former quatre divisions bien distinctes groupées autour de l'oratoire.

A l'entrée du petit couloir adossé au côté gauche de l'abside, on remarque le curieux pilastre dont nous donnons ici le dessin (fig. 1), & qui a été encastré en tête de cette cloison, évidée dans le rocher calcaire; il convient aussi de remarquer que l'abside, par une petite ouverture, était en communication avec les cellules postérieures.

A l'extrémité de ces constructions, on observe, avec le plus curieux intérêt, une

Fig. 2. — Confessionnal de saint Lazare.

petite chambre de 1^m40 sur 0^m60 remplie presque entièrement par une sorte de siège en pierre. Une lucarne éclaire cette étroite cellule, qui a donné son nom à l'ensemble de ces constructions religieuses, car on l'appelle *Confessionnal de saint Trophime*. C'est là, dit-on, que le saint, assis, écoutait les pénitents qui accouraient en foule auprès de lui.

On voit, du reste, dans le fond de la crypte de Saint-Victor de Marseille, une disposition presque semblable, dont voici le dessin (fig. 2) ; c'est ce qu'on nomme également le *Confessionnal de saint Lazare*.

Une colonne surmontée d'un chapiteau composé d'une palme & de deux volutes divise en deux parties un banc taillé dans la pierre. Presque sur le milieu de cette arcade on distingue une tête avec barbe, à laquelle se rattache gauchement une main droite tenant une crosse.

Ce petit motif, grossièrement sculpté dans le rocher calcaire, semblerait indiquer, mieux encore qu'à Montmajour, sa véritable destination (1). Ces deux exemples sont donc extrêmement importants au point de vue des anciens usages de l'Église.

M. Mérimée attribue au ve ou vi^e siècle la première partie de ces constructions taillées dans le flanc occidental de la montagne de Montmajour, & au ixe siècle celle de son oratoire proprement dit. Cette assertion paraîtrait de prime abord justifiée par le caractère de l'appareil, des moulures, & de certaines parties de ce monument : cependant l'identité des ornements du pilastre dont nous avons donné le dessin, avec ceux sculptés sur la tombe de Geoffroy, comte de Provence, mort en 1063 & enterré dans le cloître de Montmajour, ne permettrait-elle pas de supposer que c'est au milieu du xie siècle que cet oratoire a été construit? On sait, en effet, que ce prince fut un des grands bienfaiteurs de cette abbaye : il serait donc possible qu'il ait contribué tout au moins à l'érection du monument élevé sur les lieux habités par le saint évêque d'Arles (2). La corniche extérieure, ornée de corbeaux, semblerait aussi appartenir à cette époque.

Il n'est pas sans intérêt de comparer le plan de l'oratoire de Saint-Trophime avec l'oratoire taillé dans le roc de Surp-Garabed en Cappadoce. On retrouve dans cette construction orientale une disposition presque semblable répondant sans doute à la même destination & au même programme (3).

CHAPELLE SAINTE-CROIX DE MONTMAJOUR

PRÈS ARLES (BOUCHES-DU-RHÔNE)

Planches VI, VII & VIII.

On ne pourrait donner une description plus intéressante de la chapelle de Sainte-Croix, au point de vue du monument en lui-même & de sa destination, que ne l'a fait M. Viollet-le-Duc dans son *Dictionnaire raisonné de l'Architecture du xie au xvie siècle*.

« Il existe, dit-il, dans l'enceinte de l'abbaye de Montmajour, près Arles, une
« chapelle élevée sous le titre de la Sainte-Croix, & qui mérite toute l'attention des
« architectes & des archéologues. C'est un édifice composé de quatre culs-de-four égaux
« en diamètre, dont les arcs portent une coupole à base carrée; un porche précède l'une

---

(1) Voir la notice sur les *Cryptes de l'abbaye de Saint-Victor-lez-Marseille*. (Ve Marius Olive, libraire, 1864.)
(2) Voir, au tome II, dans la monographie de l'abbaye de Montmajour, la figure représentant le couvercle orné, & l'inscription de cette tombe curieuse, donnée par l'auteur au musée d'Arles.
(3) Ch. Texier & P. Coppewell Pullan, page 40, *Architecture byzantine*.

« des niches qui sert d'entrée. L'intérieur n'est éclairé que par trois petites fenêtres
« percées d'un seul côté. La porte latérale donne entrée dans un petit cimetière clos
« de murs. La chapelle de Sainte-Croix de Montmajour est bien bâtie en pierre de
« taille, & son ornementation très-sobre, exécutée avec une extrême délicatesse, rappelle
« la sculpture des églises grecques des environs d'Athènes. Sur le sommet de la coupole
« s'élève un campanile. L'intérieur est complétement dépourvu de sculptures & devait
« probablement être décoré par des peintures. Nous voyons dans cet édifice une de ces
« chapelles des morts que l'on élevait, pendant le moyen âge, au milieu ou proche des
« cimetières, & non point une église pouvant être utilisée pour le service journalier
« d'une communauté. Sa forme ni ses dimensions n'eussent pu permettre de réunir
« dans son enceinte les moines d'une abbaye comme celle de Montmajour, & de
« disposer les religieux d'une façon convenable près de l'autel. Pourquoi, d'ailleurs,
« adopter un plan en forme de croix grecque pour une église destinée aux religieux
« d'une abbaye qui doivent être placés dans un chœur, suivant un ordre hiérarchique
« & sur deux lignes parallèles ? Pourquoi cette absence presque totale de fenêtres ?
« Pourquoi cette petite porte latérale donnant sur un petit terrain clos de murs & com-
« plétement rempli de tombes creusées dans le roc, si l'on ne veut voir dans l'église Sainte-
« Croix de Montmajour la chapelle funéraire de l'abbaye ? Si, au contraire, nous
« admettons cette hypothèse, sa forme, ses dispositions & sa dimension sont parfaitement
« expliquées. Les moines apportent le mort processionnellement, on le dépose sous le
« porche; les frères restent en dehors. La messe dite, on bénit le corps, on le transporte
« à travers la chapelle en le faisant passer par la porte latérale pour le déposer dans la
« fosse. On traverse la chapelle pour entrer dans le cimetière, qui cependant avait une
« porte extérieure. Les seules fenêtres qui éclairent cette chapelle s'ouvrent toutes les
« trois sur l'enclos servant de champ de repos. La nuit, une lampe brûlait au centre du
« monument, &, conformément à l'usage admis dans les premiers siècles du moyen âge,
« ces trois fenêtres projetaient la lueur de la lampe dans le charnier. Pendant l'office des
« morts, un frère sonnait la cloche, suspendue dans le clocher, au moyen d'une corde
« passant par un œil réservé à cet effet au centre de la coupole. La chapelle Sainte-
« Croix de Montmajour fut bâtie en 1019 (1). Ce n'était pas seulement dans le voisi-
« nage des cimetières particuliers, des établissements religieux que l'on élevait des
« chapelles des morts. Tous les charniers placés au milieu des villes ou près des églises
« possédaient un oratoire ; quelquefois même cet oratoire n'était qu'une sorte de dais
« ou de pyramide en pierre, portée sur des colonnes, laissant les ajours entre elles, de
« manière à permettre à l'assistance de voir le prêtre qui, le jour des morts, disait la
« messe & donnait ainsi la bénédiction en plein air. »

Après avoir cité cette description si complète, il ne nous reste ici qu'à mentionner
la découverte importante que nous fîmes, le 8 octobre 1854, de l'inscription de dédicace

---

(1) Fragments de la charte de fondation de cette chapelle & d'une histoire manuscrite de la ville d'Arles, cités dans les notes d'un *Voyage dans le Midi de la France*, par M. Mérimée; pièces communiquées par M. C. Lenormant.

de cette chapelle & dont nous donnons le dessin dans la planche VII de ce volume.

Le caractère des lettres, la largeur saillante laissée au filet sur lequel elles sont gravées attestent qu'elle date de l'époque de l'achèvement de la construction.

Il convient d'observer comme étude épigraphique l'O à double queue du mot *dedicacio* & l'S en sigma des mots *sanctæ* & *crucis*.

La place singulière qu'elle occupe sur le sommet du fronton du porche & la date qu'elle précise donnent aussi le plus grand intérêt à cette inscription.

Dom Chanteloup, dans son manuscrit *Historia Montismajoris*, conservé à la bibliothèque d'Arles, après avoir parlé de la charte précitée, appartenant aujourd'hui à M. Véran, s'exprime ainsi :

« Hujus dedicationis meminit diarium vetus codici sacramentorum M. S. prefixum « XIII kalendas maï 1019; quo anno die XIII kal. maï indicto in dominica montis majoris « dedicatio sanctæ crucis. »

Il y a donc identité d'époque entre l'inscription découverte & la charte sur laquelle Dom Chanteloup a établi la fixation précise de la date de cette dédicace.

On remarque également à Sainte-Croix une grande inscription latine en lettres onciales, gravées sur la face intérieure du linteau de la porte placée sous le porche.

Cette inscription dit que cette chapelle a été construite sous Charlemagne, roi des Francs, en mémoire d'une grande bataille remportée par ce prince sur les Sarrasins (1).

Il y a là une fraude évidente, comme le dit M. Mérimée. La découverte de l'inscription de dédicace du fronton & ses caractères bien antérieurs, en rapport avec la charte précitée, suffisent aujourd'hui pour faire justice de ce mensonge épigraphique. Il est certain, d'après les dates dont ces deux preuves constatent l'anthenticité, que Sainte-Croix de Montmajour fut bâtie par l'abbé Rambert en 1018, & consacrée par l'archevêque Pons de Marignane en 1019.

De nombreuses marques de tâcherons (fig. 1) couvrent les appareils de cette chapelle funéraire dont nous avons reproduit l'ensemble & les détails les plus complets, car elle peut être citée comme un ravissant modèle d'architecture romane.

---

(1) Voir Didron : *Annales archéologiques*, tome XVII, pages 162, 163. — P. Mérimée : Notes d'un *Voyage dans le Midi de la France*, page 303; & H. Clair : *les Monuments d'Arles*, pages 25, 26 & 27.

Sainte-Croix. — Fig. 1. — Principaux signes lapidaires.

CHAPELLE DE SAINT-GABRIEL

PRÈS TARASCON (BOUCHES-DU-RHÔNE)

Planches IX, X, XI & XII.

A 4 kilomètres de Tarascon, en suivant la route qui traverse la plaine dans la direction de Fontvieille & de Salon, on arrive au pied d'une colline bordée par des champs d'oliviers. C'est là que se trouvait autrefois la station romaine d'*Ernaginum*, ainsi que le constatent les tables de Peutinger & une inscription antique découverte sur cet emplacement.

Cette inscription, conservée dans l'édifice que nous allons décrire, mentionne le nom de trois corporations de bateliers, dont la première desservait précisément la station d'*Ernaginum*, traversée alors par un bras de la Durance.

```
           M           M
     M. FRONTONI EVPORI
     IIIIII VIR. AUG. COL. IVLIA
AUG. AQUIS SEXTIs . NAVICVLAR
MAR. AREL. CURAT EIVSD. CORP.
     PATRONO . NAVTAR. DRVEN
   TICORUM . ET . VTRICLARIOR.
      CORP. ERNAGINENSUM.
        IVLIA . NICE . VXOR.
      CONIVGI . CARISSIMO.
                 (1)
```

Les restes de deux tours d'époque romane semblent indiquer que ce lieu fut encore, au commencement du moyen âge, un point fortifié.

C'est à peu de distance de cette sorte d'*oppidum* que fut construite, au commencement du IXe siècle, sous le vocable de Saint-Gabriel, une chapelle dont l'existence, vers l'an 858, est constatée d'une manière irréfutable dans une charte de Charles le Chauve & de sa première femme Hermentrude. Ce prince, du consentement de la reine, donne dans cet acte cet édifice religieux à l'église de Saint-Maurice de Vienne (2). Nous reviendrons sur ce fait historique de la plus grande importance dans la monographie de Notre-Dame-des-Doms.

L'ordonnance intérieure & l'ordonnance extérieure de cet édifice sont d'une simplicité remarquable; sa nef rectangulaire, divisée en trois travées, est terminée par une abside circulaire à l'intérieur, & extérieurement à pans coupés. Le cul-de-four de cette abside

---

(1) A Marcus Fronton Euporus, sextumvir augustal, natif de la colonie Julia Augusta d'Aix, curateur des bateliers maritimes d'Arles, patron des bateliers de la Durance, & des utriculaires d'Ernaginum; Julia Nicé à son époux très-cher.

(2) Extrait :

« Concedimus...... Ecclesiam videlicet sancti Gabrielis non longe a civitate predicta »
« Arelarensi, cum terris planis, & omnibus molendinis Durantiæ, atque piscatoris. »

Voir : *Histoire de Provence*; Bouche, t. I, p. 737. — *Monuments inédits sur l'apostolat de sainte Madeleine en Provence*, par M. Faillon, t. II, p. 615-625. — *Cartulaire de Saint-Victor*, t. I, p. 182 & 189. (A l'appui de la description topographique de la charte de Charles le Chauve, & de l'orthographe du mot GABRIHEL de l'inscription (fig. 2).

est orné d'un bandeau qui retombe sur deux figures d'animaux. Une voûte en berceau ogival, reposant sur un cordon orné d'une simple moulure, est recouverte par un dallage en pierre qui abrite ce petit monument. Des contre-forts latéraux renforcent les piliers qui supportent les arcs-doubleaux séparatifs de la nef. Sur la façade, un grand arc reposant sur une imposte ornée abrite la porte encadrée par deux colonnes engagées, & surmontées d'un fronton triangulaire terminé par l'Agneau pascal. Au-dessus de cet arc, & appuyée sur un grand cordon, une archivolte ogivale entoure un *oculus* orné de feuilles & de têtes & flanqué sur ses axes des symboles des quatre évangélistes. Il est permis de supposer que la statuette d'ange qu'on voit encore dans l'intérieur de cette chapelle se trouvait placée au-dessus du fronton qui couronne cette façade.

L'ordonnance générale de ce portail rappelle, dans ses détails, celle du porche de Notre-Dame des Doms, à Avignon. Son ornementation & ses profils sont la reproduction presque fidèle des décorations romaines du Bas-Empire. On reconnaît cependant, dans les feuilles des chapiteaux & des impostes, un caractère spécial qui est particulier au type roman primitif de notre pays.

Dans le tympan de la porte (fig. 1), se trouvent représentés, d'un côté Daniel entre

Saint-Gabriel. — Fig. 1. Tympan.

deux lions (1), & au-dessus de lui l'ange tenant d'une main Habacuc envoyé par Dieu pour lui porter sa nourriture; sans séparation aucune & sur le même plan, Adam & Ève au pied d'un figuier, représentation de l'arbre de la science du bien & du mal, autour duquel s'enroule le serpent tentateur. Ce dernier sujet a été reproduit très-souvent sur les monuments de cette époque, & quelquefois à pareille place. A Boulbon, par exemple, village situé à quelques kilomètres, ce fait biblique est également figuré au-dessus de l'entrée d'une charmante petite chapelle, qui, dans des conditions plus simples & plus

---

(1) On voit dans le fond de la crypte de Saint-Maximin un sarcophage représentant Daniel dans la fosse aux lions. Sa nudité est complète; il a les bras étendus, & les deux lions à ses pieds semblent le caresser (*Monuments iconographiques de Saint-Maximin*, par Rostan, page 4). Ce sujet du reste a été très-souvent figuré sur les sarcophages chrétiens. — Dans son *Abécédaire d'archéologie* (tome I, page 51), M. de Caumont donne le dessin d'une agrafe carlovingienne sur laquelle on remarque cette même scène de la vie de Daniel reproduite dans le tympan de Saint-Gabriel de Tarascon.

restreintes, semble avoir été construite par les mêmes artistes & sur le même modèle.

Le fronton renferme également un bas-relief très-intéressant (fig. 2). Sous trois arcatures, on reconnaît l'ange Gabriel annonçant à la Vierge qu'elle deviendra mère du Christ; la *Salutation angélique* se trouve gravée au-dessus de ces deux figures; &, sous la dernière arcade, Marie & Élisabeth, désignées aussi par une inscription, se tiennent embrassées, image de la Visitation. C'est ainsi

Saint-Gabriel. — Fig. 2. Tympan du fronton.

qu'ont été représentés sur cette façade quelques-uns des principaux sujets de l'Ancien & du Nouveau Testament, qui furent l'objet plus tard d'un développement bien plus important. La chapelle de Saint-Gabriel est très-probablement un des premiers édifices religieux du midi sur lequel l'iconographie soit venue apporter son concours à l'ornementation & aux moulures décoratives; aussi, à ce point de vue seul, offrirait-elle le plus grand intérêt, si elle ne présentait de plus celui d'être, comme disposition générale, un modèle qui fut souvent reproduit.

Les belles carrières du rocher calcaire sur lequel est bâti ce petit monument facilitèrent sa construction. Le soleil est venu ajouter un charme de plus à son élégance architecturale, je veux dire cette couleur dorée qui se marie si bien avec le ciel d'azur de la Provence.

CHAPELLE DU CHATEAU DE BEAUCAIRE (GARD)

Planche XIII & XIV.

Sur le sommet d'un rocher escarpé de la vallée du Rhône, en face du château construit par René d'Anjou, à Tarascon, s'élèvent l'enceinte & les tours du château de Beaucaire. C'est dans l'angle oriental de ces murs fortifiés que fut bâtie la charmante chapelle romane de forme rectangulaire que nous publions. Une voûte en berceau & un dallage en pierre recouvrent cet oratoire, parfaitement conservé. Sa façade, toute simple, se termine par un clocher à arcades contre lequel vient s'amortir une corniche à grande saillie, ornée de modillons à feuillages & à têtes d'animaux. Sa porte est surmontée d'une archivolte aux moulures méplates, ornées d'oves & de dents de scie.

Rien de plus élégant que le clocher de l'oratoire de Beaucaire. Cette petite tour carrée est ouverte sur chacune de ses quatre faces par une arcade géminée reposant sur des colonnettes engagées & sur des chapiteaux sculptés. Une colonnette formant chanfrein amortit les angles de cette construction.

Une grande corniche, composée d'arcatures retombant sur des feuilles & sur des têtes variées de forme, couronne ce campanile.

Les planches XIII & XIV reproduisent tous les détails de ce remarquable édifice. Ceux relatifs au clocher figurent avec les exemples de ce genre donnés dans le tome troisième.

On ignore l'époque précise de la construction de l'oratoire de Beaucaire.

Cependant il est fait mention du château d'*Ugernum* (Beaucaire) dès le commencement du ve siècle. Avitus, préfet des Gaules & ambassadeur auprès de Théodoric, y fut proclamé empereur, en 455 (1). C'est dans un cachot de cette forteresse que fut enfermé, vers l'an 508, saint Césaire, évêque d'Arles (2). En 503, Théodebert, petit-fils de Clovis, s'empara de ce château (3), qui fut concédé, en 562, à Gontrant, roi de Bourgogne & roi d'Arles (4). Plus tard, en 585, Reccarède, fils de Leuvigilde, roi des Goths, s'empara de cette forteresse (5) & la livra au pillage. Vers le commencement du xie siècle, Pierre, fils de Blimode, fit hommage du château d'Ugernum à Bérenger, vicomte de Toulouse (6).

On sait aussi que c'est dans la partie de ce château fortifié attenant à cet oratoire que Raymond VI assiégea en 1216 les croisés, pendant que Simon de Montfort l'assiégeait lui-même de son côté (7).

D'autres documents historiques, relatifs sans doute au château actuel, attribuent l'origine de ses constructions au roi saint Louis; cette assertion est consignée dans un arrêt du parlement de Toulouse du 9 septembre 1455, dont un extrait en forme se trouve aux archives de Beaucaire (ch. XXIII, lettre H). Cet acte est corroboré par des lettres patentes par lesquelles François Ier confirme les priviléges des habitants de Beaucaire en 1515.

L'examen des divers détails & de l'ornementation de la chapelle du château de Beaucaire assigne évidemment à sa construction une date antérieure au règne de saint Louis. Selon toute probabilité, elle avait été construite la première & isolément sur ce rocher de l'antique Ugernum, & elle ne fut enfermée que plus tard dans l'enceinte fortifiée attribuée au saint monarque par les documents précités.

---

(1) *Histoire de Languedoc*, t. I, p. 197.
(2) *Histoire ecclésiastique*, de Fleury, t. VII, p. 143.
(3) *Histoire de Languedoc*, t. I, p. 266.
(4) *Ibid.*, t. I, p. 277.
(5) *Ibid.*, t. I, p. 302 à 305.
(6) *Ibid.*, t. II, p. 151.
(7) *Ibid.*, t. III, p. 290, preuves 66. — Voir : *Nouvelles recherches pour servir à l'histoire de Beaucaire*, par M. ***. Impr. Séguin, Avignon, 1836.

ÉGLISES

SAINT-JACQUES DE BÉZIERS (HÉRAULT)

Planche XV.

Les quelques documents historiques intéressant l'abbaye & l'église de Saint-Jacques de Béziers se résument presque tous dans la citation suivante (1) :

« D'après une tradition, ou plutôt une prétention commune à beaucoup d'édifices
« religieux, & le plus souvent mal fondée, l'église de Saint-Jacques aurait été
« construite par Charlemagne, ou sous le règne de ce souverain. Andoque écrivit que
« Charlemagne, ayant une dévotion particulière pour saint Jacques, fit bâtir plusieurs
« églises en l'honneur de ce saint, dont une à Toulouse & une autre à Béziers (2). On
« trouve la même assertion dans un ouvrage plus moderne (3), & des faits historiques
« semblent devoir lui donner quelque valeur. Le premier abbé connu de Saint-Jacques,
« Aimeric, vivait en l'an 908 (4); l'existence de l'abbaye à cette époque fait supposer celle
« d'une église. En l'année 969, Raymond II, vicomte de Béziers, fut inhumé dans l'église
« Saint-Jacques, laquelle est mentionnée encore dans le testament du vicomte Guillaume,
« son fils, de l'an 990 (5). Mais ces particularités, tout en établissant qu'il existait une
« église de Saint-Jacques, à Béziers, auquel elles se rapportent, ne prouvent pas que cette
« église soit, pour les parties les plus anciennes, la même que celle de nos jours. Beaucoup
« d'édifices religieux ont été reconstruits, surtout dans le midi de la France, après les
« invasions sarrasines & la guerre allumée par l'hérésie albigeoise. Je ne sais sur quelle
« autorité Andoque & d'autres écrivains se sont appuyés pour dire que Charlemagne
« fit bâtir l'église de Béziers. Les chroniqueurs du règne de ce grand homme, tout en
« louant le zèle qu'il apporta à faire construire des églises, & à en faire réparer un
« nombre très-considérable, ne mentionnent nominativement que celles d'Aix-la-
« Chapelle & de Paderborn (6). Par son testament, il légua au clergé le tiers de sa
« fortune mobilière, sans aucune affectation spéciale à la construction ou à la réparation

---

(1) Cette citation est extraite de l'*Histoire de la ville & des évêques de Béziers*, par M. Sabatier, avocat, archéologue distingué & auteur de notices très-importantes sur les châteaux, abbayes & églises de ce diocèse.
(2) *Histoire de Languedoc*, p. 227.
(3) *Manuel sur divers objets d'art*, etc. Bourg, 1839, p. 207.
(4) *Gallia christ.*, t. VI, p. 414.
(5) Dom Vaissette, t. II, pr., p. 119 & 146.
(6) Collect. de Duchesne.

« d'églises; le legs est fait simplement aux vingt & une métropoles de l'empire (1). »

L'abbaye & l'église de Saint-Jacques de Béziers existaient au viie siècle, comme le constate également le livre noir du chapitre de Saint-Nazaire; mais l'époque de leur fondation n'est pas précisée. On ignore aussi la date de la construction de l'édifice actuel, dont nous reproduisons l'abside dans la planche XV. Cependant l'examen de ces détails, profils & sculptures, permet de supposer avec assez de certitude que cette construction remarquable n'est pas antérieure au commencement du ixe siècle.

Aux angles de cette abside à pans coupés, & faisant fonction de contre-fort, sont engagées quatre colonnes, dont les riches chapiteaux à entrelacs supportent une corniche à modillons, ressautant sur ces avant-corps. — L'amortissement accompagnant l'assiette des bases sur les grands socles carrés sur lesquels reposent ces contre-forts est d'une forme très-originale. Cette ordonnance architecturale se remarque souvent à l'extérieur des absides romanes de l'Auvergne, & du haut Languedoc. Une sorte d'épi, placé à l'extrémité du dallage de cette abside, arrête la crête de son faîtage. — On voit dans le jardin du presbytère,

Fig. 1. — Chapiteau.

attenant à cette église, un beau chapiteau en marbre blanc qui semblerait avoir appartenu aux constructions primitives de cette abbaye (fig. 1).

SAINT-JEAN DE MOUSTIER

ARLES (BOUCHES-DU-RHONE)

Planches XVI & XVII.

Sur la hauteur de la ville d'Arles, & à proximité de son théâtre antique, on voit encore, à moitié enfouie dans la terre des remparts, l'abside d'une petite église romane, placée autrefois sous le vocable de Saint-Jean de Moustier.

Il résulte des recherches faites par un archéologue distingué (2), & de la tradition locale, que cet édifice religieux dépendait du monastère de femmes fondé en 557 par l'archevêque saint Césaire.

Sans être fixé d'une manière positive sur l'époque de la fondation de cette construction intéressante, on peut, sans craindre de se tromper, lui assigner le commencement du ixe siècle, après avoir étudié le caractère presque antique de ses sculptures & de ses profils, & les marques de tâcherons gravées sur ses appareils à l'extérieur & à l'intérieur.

---

(1) *Acta sanct.*, t. I, p. 883 & suiv.

(2) M. Honoré Clair, ancien inspecteur des monuments historiques des Bouches-du-Rhône, auteur des *Monuments d'Arles ancien & moderne*.

ARCHITECTURE ROMANE

A l'entrée de l'abside s'élevaient deux pilastres cannelés, couronnés de chapiteaux à feuilles d'acanthe, & contre lesquels venaient s'amortir une riche frise & une corniche, qui ceinturaient cette partie circulaire. Au-dessous, cinq arcatures, reposant sur des colonnettes, complétaient cette élégante décoration. La voûte de cette abside, parfaitement conservée, recouverte en dalles, est divisée à l'intérieur en cinq parties égales par des pilastres appliqués sur cette calotte sphérique & placés sur l'axe de chacune de ces colonnettes : ces pilastres se terminent par des chapiteaux groupés autour d'un double encadrement circulaire; au centre est placé l'Agneau pascal, & tout autour est gravée l'inscription suivante, remarquable par l'orthographe du mot AGNVS.

ECCE . AHGNVS . DEI.

L'église de Saint-Jean de Moustier, à cause de son ancienneté, doit donc être considérée comme possédant un des premiers types de ces absides à arcatures intérieures, telles qu'on les voit à Saint-Quenin de Vaison & à Saint-Paul-Trois-Châteaux : décoration qui fut reproduite plus tard avec plus de développement & de richesse d'ornementation dans l'église du Thor, près de Vaucluse.

Aussi nous a-t-il paru nécessaire, malgré l'état de ruine de cet édifice, de reproduire cet exemple d'une manière complète : guidés par des traces certaines & par une description fidèle faite avant sa destruction (1), il nous a été facile de tracer cette restauration, qui sera du reste la seule dans tout cet ouvrage (2).

ÉGLISE DE SIX-FOURS (VAR)

Planche XVIII.

Six-Fours, petit village du Var, est bâti sur une colline élevée dominant à l'est la ville de la Seynes & toute la rade de Toulon. Au milieu d'habitations la plupart très-anciennes, on remarque son église érigée sous le vocable de Saint-Pierre & formée de constructions de diverses époques.

D'après les traditions locales, on fait remonter la partie ancienne de cet édifice au IVe siècle; cette conjecture est fondée sur une inscription copiée dans un manuscrit de 1651, signé de Guilhen Colomb, chanoine de la collégiale de Six-Fours. Ce chanoine prétend l'avoir recueillie d'après l'un de ses aïeux qui dit l'avoir vue dans cette église. Elle concerne un prêtre nommé Audoflidus, mort en 375 (3).

---

(1) Voir *Description de la ville d'Arles*, par J. S. Estrangin, 1845, p. 124; & *Guide du voyageur dans Arles*, par Jacquemin, p. 424.

(2) Note de l'auteur. Les églises de Noves (Bouches-du-Rhône) & de Saint-Symphorien de Caumont (Vaucluse) possèdent des absides semblables à l'intérieur, & d'une conservation parfaite : elles sont ornées de sculpture & couvertes de marques de tâcherons de la même époque que celles de Saint-Jean de Moustier.

(3) Voir : *L'Église Saint-Pierre à Six-Fours*, brochure; Toulon, imprimerie E. Aurel, 1861.

Une preuve aussi peu fondée ne peut être admise pour constater l'époque de la construction d'un monument.

Mais il est un fait certain, c'est que le cartulaire du monastère de Saint-Césaire dit que « le huitième de l'indiction XIII, an 842, » Lothaire, empereur, accorda, par lettres patentes, certains priviléges relatifs à l'église de *Saint-Pierre de Six-Fort*. Elle était donc déjà célèbre dans la première moitié du IXe siècle.

Ruffi, dans son histoire de Marseille, dit également que les comtes de cette ville, comme ceux de Provence, enrichirent Saint-Pierre de Six-Fours, en 1017. Gaufredi Raimond, en 1070, & son fils Hugues, en 1073, suivirent ces exemples.

Cette église se terminait par trois absides, seules parties de l'ancienne construction encore debout aujourd'hui; elles sont bâties en moellons smillés très-durs & de petite dimension. Cette similitude avec l'*opus reticulatum* des Romains est encore une preuve de son ancienneté.

Au fond de l'abside centrale, en démolissant un retable moderne, on découvrit le bel autel en pierre dure, décrit & dessiné dans le tome III de notre recueil. A droite & à gauche de ce sanctuaire sont pratiquées deux crédences, sortes de niches carrées, qui se retrouvent dans plusieurs monuments de cette époque, & qui servaient au dépôt des vases sacrés ou objets destinés au culte.

ÉGLISE DE SAINT-QUENIN (VAUCLUSE)

Planches XIX & XX.

Au nord de l'ancienne ville de Vaison, non loin de son église métropolitaine & de son beau cloître, s'élève la petite église dédiée à Saint-Quenin (*Sanctus Quinidius*).

Fig. 1. — Vue extérieure de l'abside de Saint-Quenin.

Le plan de cet édifice, remarquable surtout par la disposition originale des deux absides flanquées obliquement de chaque côté de l'abside centrale, doit occuper ici une place importante; car, en suivant l'ordre de transformation progressive du plan roman primitif adoptée dans ce recueil, cet exemple semblerait indiquer d'une manière précise qu'elle a été le motif & le point de départ de l'église à trois nefs.

Cette construction religieuse, qui a fixé l'attention des archéologues les plus distingués, a été décrite par M. Mérimée avec un soin minutieux (1).

« L'église de Saint-Quenin, dit-il, n'a qu'une nef, des transepts à peine marqués, « & une abside bizarre, triangulaire à l'extérieur, mais à l'intérieur arrondie en demi-« cercle, & ornée de cinq arcades bouchées en plein cintre, soutenues par des colon-« nettes à chapiteaux romans très-anciens. Deux petites fenêtres l'éclairent, étroites « comme des meurtrières. Chaque angle extérieur est terminé par une colonne sans « base, cannelée & rudentée aux deux cinquièmes de sa hauteur; deux portions de « pilastres à chapiteaux corinthiens, cannelés également, engagés sur les faces du « triangle, soutiennent une corniche, faisant ainsi l'office de consoles. Une frise, dont « la hauteur égale celle des chapiteaux, règne autour de l'abside. Elle est ornée de « rinceaux. Cette frise, les chapiteaux des pilastres & la corniche rappellent fortement « l'ornementation du Bas-Empire. Les chapiteaux des colonnes sont historiés, il est vrai; « mais leurs tailloirs sont couverts de palmettes, & les figures d'homme & d'animaux « sculptées sur les chapiteaux sont entremêlées de feuilles d'acanthe, & d'autres détails « d'un goût purement antique. Il faut remarquer encore que les figures sont exécutées « assez grossièrement, en comparaison des feuilles d'acanthe & des moulures appartenant « au style antique. Les premières sont inventées dans un temps de barbarie, les autres « sont copiées sur de bons modèles (2). Je ne crois pas que les pilastres qui tiennent « lieu de consoles aient été jamais entiers; du moins, rien dans la construction du mur « ne peut faire croire que leurs bases aient été tronquées.

« Les transepts, à peine indiqués à l'intérieur, sont ornés au dehors d'une frise « plus large que celle de l'abside, interrompue comme elle par des colonnes tronquées « faisant office de consoles. On y distingue des figures d'hommes armés, des chevaux; « mais tout cela est si fruste qu'il faut renoncer à y chercher des renseignements.

Fig. 2. — Sarcophage placé sur la porte de Saint-Quenin.

« Cette portion de l'église, ainsi que l'abside, « est évidemment très-ancienne, l'extérieur sur-« tout; la nef est certainement postérieure. Pour « la façade, elle est toute moderne, sauf une large « pierre encastrée au-dessus de la porte, prove-« nant, suivant toute apparence, d'un tombeau « antique. On y voit, sculpté en très-bas relief, « un vase de forme élégante, surmonté d'une croix « grecque & entouré de pampres.

« Les voûtes sont en ogive, à pointe obtuse, à côtés très-courbés. Cette forme est

---

(1) Voir *Notes d'un voyage dans le midi de la France*, p. 177 & suiv.

(2) « M. Lenormant pense que le chapiteau placé à l'extrémité du triangle est antique. Il est composite, orné d'un « masque à moustaches, style du Bas-Empire. » — Voir : *Lettre à M. de Caumont sur l'origine de l'ogive*.

« la même pour la nef & pour les transepts; mais la nef a été restaurée à plusieurs
« reprises, tandis que les transepts paraissent appartenir entièrement à la construction
« primitive. Une jolie moulure d'oves, qui fait le tour de l'abside, & dont le caractère est
« tout antique, se prolonge le long des retombées de la voûte des transepts. L'appareil
« est moyen, généralement fort irrégulier, excepté vers l'abside & les transepts. Les
« pierres paraissent avoir été recouvertes à l'intérieur d'un enduit colorié en rouge. »

La chapelle de Saint-Quenin présente en effet des constructions faites à deux
époques bien distinctes : l'abside, les transepts & l'arc doubleau de la travée qui s'y
rattache appartiennent à la première période ; les trois premières travées de la nef
appartiennent à la seconde. Pour cette dernière partie, il n'existe aucune incertitude :
l'évêque Suarès, trente-quatrième du siége de Vaison, qui vivait en 1640, restaura cet
édifice en suivant les traces de la travée ancienne. Deux inscriptions gravées par son
ordre sur les arcs doubleaux de la troisième & de la première travée de la voûte
attestent son œuvre réparatrice.

S. QVINIDIO	SANTI QVINIDII
EPISCOPO . IOS	REPARO . VENERABI
EPH . MARIA . SV	LE . TEMPLVM . VT MIHI
ARES . SUCCESSOR	CCELESTEM . PRÆPA
INDIGNVS. D. DD	RET . IPSE . THRONVM
(Troisième arc doubleau de la voûte à gauche en entrant.)	(Premier arc doubleau à droite en entrant.)

Mais autant la date de la construction de la seconde partie est certaine, autant
l'époque de la fondation de l'ancien édifice paraît peu précise. Avant d'émettre une
opinion à cet égard, citons encore ce que dit M. Mérimée, en s'appuyant sur l'opinion
de M. Charles Lenormant.

« On n'a que des renseignements historiques imparfaits sur la fondation de Saint-
« Quenin (1). D'un côté, le style antique des ornements, la forme extraordinaire de
« l'abside, m'engagent à assigner à cette chapelle une date très-reculée ; d'un autre côté,
« la voûte ogivale & ces chapiteaux historiés, dont on ne trouve guère d'exemple avant
« le xie siècle, me jettent dans une grande incertitude. Cependant il faut observer que ces
« chapiteaux, bien qu'historiés, n'ont aucun rapport avec ceux du xie & du xiie siècle.
« Quant à ceux des pilastres, ils sont corinthiens, & les autres attestent des souvenirs
« du même type, des feuilles d'acanthe correctement modelées ; j'ai déjà dit que les
« figures qui les accompagnent annoncent un travail beaucoup plus grossier. Peut-être
« la présence de monuments antiques qui, malgré les dévastations des barbares, n'ont pu
« disparaître que lentement du territoire de Vaison, suffirait-elle pour expliquer cette
« ornementation toute romaine. Toutefois l'on n'en peut conclure que la partie la plus

---

(1) « Le père Anselme Boyer, dans l'*Histoire de l'église de Vaison*, en place la construction à la fin du ive siècle ou au
« commencement du viie. Il ajoute que cette église & le couvent des bénédictins, dont elle faisait partie, furent détruits par
« les Sarrasins. »

« ancienne de Saint-Quenin soit du xi⁰ siècle. A cette époque, le caractère de
« l'architecture se distingue par le caprice des détails, & j'ai peine à croire que dans
« un édifice de ce temps on ne trouvât d'autres exemples du goût dominant que dans
« deux ou trois chapiteaux, qui enfin ont quelques modèles analogues dans les dernières
« constructions du Bas-Empire. M. Lenormant n'hésite point à reporter l'abside,
« l'extérieur du moins, au viii⁰ siècle. Il ne serait même pas impossible de supposer que
« cette partie de l'église eût échappé aux dévastations des Sarrasins, & qu'elle appartient
« à la construction primitive dont parle le père Boyer. Quelle que soit l'opinion que
« l'on adopte, il est difficile de ne pas donner à l'abside de Saint-Quenin une date
« bien antérieure au xi⁰ siècle. Les transepts, ornés à l'extérieur comme l'abside, &
« dont la frise présente des figures aussi grossièrement sculptées que celles des chapi-
« teaux historiés, me paraissent appartenir à la même époque. Je ne parle que de
« l'extérieur. — A l'intérieur, une restauration fort ancienne a donné à l'abside sa
« forme semi-circulaire, ses arcades bouchées & vraisemblablement aux transepts leur
« voûte ogivale, car il me paraît probable, vu le faible diamètre de l'église, qu'elle a
« d'abord été couverte par un toit en charpente. Reste à trouver la date de cette
« réparation, & les colonnes romanes des arcades bouchées & la moulure d'oves qui
« soutient les retombées de la voûte me feraient croire qu'elle n'a été exécutée qu'au
« commencement du xii⁰ siècle. »

Il y a dans les conjectures de ces deux savants des observations intéressantes ; on voit qu'ils se rattachent de préférence à tout ce qui peut affirmer l'existence de l'église de Saint-Quenin avant le ix⁰ siècle. Mais ils hésitent à croire que l'abside circulaire soit de l'époque primitive. Cependant un examen attentif des appareils de cette abside & de ses petites absides latérales, tant à l'intérieur qu'à l'extérieur, permet d'affirmer qu'il n'existe aucune soudure, aucun raccord dans cette construction ; la voûte conique qui relie l'abside principale avec le premier arc doubleau de la nef a certainement été bâtie par les mêmes ouvriers & sans solution de continuité. L'ornementation entière de cette abside circulaire, des chapiteaux, de ses arcatures, que nous avons reproduite à une assez grande échelle, est également en harmonie avec les réminiscences antiques de la décoration extérieure : de plus on retrouve dans cette abside circulaire & dans le chevet triangulaire qui l'enveloppe des marques lapidaires absolument semblables de forme, de dimension & de disposition (1). Ce sont là des signes de contemporanéité évidente & incontestable. En comparant donc l'ordonnance architecturale de la chapelle de Saint-Gabriel, dont nous avons signalé l'existence au commencement du ix⁰ siècle, avec celle dédiée au saint patron de Vaison, il est permis de classer la partie ancienne de cet édifice parmi les monuments relevés par Charlemagne, ou par ses successeurs, & avec ses libéralités. M. Daniel Ramée (2) se rattache à cette opinion au sujet de l'abside de Saint-Quenin ; il pense qu'elle a été bâtie sous Charles le Chauve.

---

(1) Nous avons fait cette observation curieuse après M. Didron & nous affirmons l'exactitude de sa découverte. Voir *Annales archéologiques*, t. II, p. 249. — Signes lapidaires.
(2) Daniel Ramée, *Histoire générale de l'architecture*, t. 1ᵉʳ, p. 802.

Nous reviendrons sur cette classification importante des monuments carlovingiens du midi de la France, dans les monographies de Notre–Dame–des–Doms, des églises de Pernes & de Cavaillon (Vaucluse) & dans celle de Saint-Sauveur (d'Aix). De nombreux documents recueillis sur ces édifices feront, du reste, l'objet d'un chapitre spécial placé à la fin de cet ouvrage.

SAINT-PIERRE DE REDDES (HÉRAULT)

Planches XXI & XXII.

La petite église de Saint-Pierre de Reddes, dans les environs de Bédarieux, est un des types les plus intéressants de l'époque romane.

Nous reproduisons ici la description de cette construction remarquable faite par un archéologue distingué, qui a laissé les travaux les plus précieux sur les monographies des édifices du moyen âge du département de l'Hérault.

« L'église de Saint-Pierre, dit J. Renouvier (1), comme presque tous les monuments
« romans, est un carré long, régulièrement orienté, terminé à l'est par une abside
« demi-circulaire, avec portes à l'ouest & au midi. Le mur nord était percé d'une
« autre porte qui est bouchée. La porte ouest a deux archivoltes en plein cintre, ornées
« de cinq cordons en pierre noire, & un tympan monolithe dans lequel est incrustée
« une croix grecque encadrée, aussi en pierre noire. L'archivolte intérieure retombait
« sur des colonnes qui n'existent plus; leurs chapiteaux qui tiennent encore sont ornés
« de billettes. Cette façade porte en outre, au-dessus de son gable interrompu, une
« corniche très-saillante, supportée par cinq modillons sculptés en têtes plates, serpents
« entrelacés & autres ornements; un attique est surmonté de trois pans de murs, restes
« d'un campanile d'une forme singulière.

« La porte méridionale est plus petite, mais plus ornée que celle de la façade.
« De ses deux archivoltes, l'une, supérieure, retombe sur deux colonnes de marbre,
« dont le chapiteau reproduit assez bien ce type qu'on a depuis appelé composite,
« & dont le tailloir est sculpté en billettes. L'archivolte inférieure s'appuie sur un
« linteau orné d'un rang de palmettes sculptées en relief très-plat. Le tympan porte
« une croix grecque encadrée & une bordure de chevrons en pierre noire.

« Les côtés de l'église sont percés, au midi, de petites fenêtres cintrées, étroites &
« évasées en dehors, couronnées par un cordon en pierre noire ; ils sont munis de
« six contre-forts peu saillants, qui ne s'élèvent pas jusqu'au faîte, & laissent à découvert
« une frise de billettes régnant le long des côtés de la nef, en alternant, du côté
« nord, avec des cannelures.

---

(1) Voyez *Études & notes archéologiques sur les châteaux, abbayes & églises de l'ancien diocèse de Béziers*, par E. Sabatier, 1856, p. 71 à 74.

« Le chevet, plus orné, porte une arcature retombant de deux en deux sur des
« pilastres simples qui se prolongent jusqu'au bas, & dont les retombées courtes sont
« sculptées en têtes plates humaines ou de singes, & d'autres animaux. Un de ces arcs
« est rempli par un bas-relief d'un faire barbare, où l'on distingue une figure à mi-corps,
« les bras étendus.

« A l'intérieur, c'est une seule nef, avec des colonnes engagées, accouplées, portant
« de doubles arcs doubleaux. Leurs chapiteaux sont sculptés en feuilles de refend
« grossières, & quelquefois seulement rayés, quelques-uns sont historiés; leur tailloir
« est orné de billettes & se prolonge en corniches tout autour de la nef. Un double
« banc de pierre occupe les deux côtés de la nef. Le chœur, formant un polygone dont
« les pans sont légèrement indiqués, a des pilastres au lieu de colonnes. Les voûtes,
« les arcs parallèles, l'arc du chœur sont légèrement ogivés, mais paraissent pos-
« térieurs à la construction primitive. L'appareil de la con-
« struction est généralement petit, allongé & taillé avec peu
« de soin. »

Fig. 1. — Bas-relief. Église de Saint-Pierre de Reddes.

L'examen des appareils, des moulures & des détails d'ornementation presque arabes de la porte latérale de cette église,
mentionnée dans diverses chartes dès l'an 961, semblent cor-
roborer l'opinion de M. Renouvier qui rapporterait au commencement du xe siècle sa construction première (1).

La forme des lettres (S. Petrus), gravées sur le bas-relief
déjà mentionné dont voici le dessin, confirmerait aussi cette
assertion : il représente saint Pierre, assis d'une façon assez
tourmentée sur une *cathedra*, & portant la double clef & la
crosse épiscopale. Il est difficile de préciser la place occupée dans l'édifice par cette
sculpture; elle ornait probablement sa façade principale remaniée dans sa partie
supérieure à la fin du xive siècle.

CRYPTE DE SAINT-SATURNIN D'APT

Planche XXIII.

« Quand les populations quittèrent les temples païens pour se rendre en foule
« aux tombeaux des martyrs, on éleva de nombreuses basiliques sur les catacombes
« elles-mêmes, puis sur des sépultures isolées; enfin, bientôt les églises se multipliant
« à l'infini, on voulut encore y posséder des reliques des confesseurs. Ces distinctions
« diverses établirent des différences dans la manière dont les premiers constructeurs

---

(1) Voir *Dictionnaire topographique de France.* — Hérault, p. 194.
S. Petrus ad Rodas, 961. (Mabill. Diplom. 572.)

« disposèrent le lieu destiné à conserver les restes du saint, & qu'on nomma *crypta,*
« *martyrium, confessio.*

« Lorsqu'on éleva le temple sur les catacombes, l'antique entrée des souterrains fut
« maintenue dans une place favorable, voisine du sanctuaire, & la crypte sacrée ne fut
« autre que celle qui renfermait depuis les siècles de persécution les restes mortels du
« martyr. Ce fut la disposition des premières cryptes des basiliques de Saint-Laurent &
« Saint-Sébastien. Anastase, écrivant la vie du pape Sylvestre, dit que Constantin éleva
« la basilique de Saint-Laurent sur les catacombes, *supra arenarium cryptæ,* & qu'il
« fit établir un escalier pour descendre jusqu'au tombeau du martyr : *& usque ad*
« *corpus beati Laurentii fecit gradum descensionis & ascensionis.* Si la basilique était construite
« sur une sépulture isolée, pratiquée, comme elles l'étaient souvent, en plein sol, on
« dut établir autour du sarcophage qu'on retrouvait un caveau qui pût devenir
« praticable ; des escaliers furent pratiqués pour y descendre ; le sarcophage y demeura
« sous sa forme première ou fut remplacé par un autel-tombeau comme ceux des
« catacombes. La basilique de Saint-Paul offre cette disposition. Une troisième catégorie
« s'établit lorsqu'on dut apporter d'un autre lieu, sur celui qui avait été fixé pour
« construire la basilique, les restes mortels du saint martyr ; alors on eut plus de
« liberté pour préparer à l'avance la crypte destinée à les contenir : elle reçut une
« forme généralement mieux combinée avec la construction de l'édifice qui devait
« s'élever au-dessus ; c'est la marche qui fut suivie dans le moyen âge (1). »

C'est dans cette dernière catégorie qu'il faut classer la crypte de Saint-Saturnin d'Apt, comme l'église souterraine de Montmajour, qui sera décrite dans le second volume de cette publication.

La crypte de Saint-Saturnin, longtemps inconnue, fut découverte il y a quelques années seulement, lors de la démolition de l'ancienne église du xie siècle, qui la recouvrait.

Cet oratoire souterrain paraîtrait, par sa construction & la forme de son plan, appartenir à la période carlovingienne. Il fut bâti sur l'emplacement d'un cimetière gallo-romain, ainsi que semble l'indiquer la découverte de cippes antiques trouvés dans les fondations de la nouvelle église qui s'est élevée à la même place. Un escalier situé dans l'axe longitudinal de l'ancienne église conduisait dans ce souterrain soutenu par quatre piliers. Ces piliers avaient deux de leurs faces en pierre de taille provenant de sarcophages sciés en deux parties ou taillés dans le sens de leur longueur. Les deux autres faces étaient formées d'une maçonnerie enduite avec du mortier. Extérieurement ces piles n'avaient ni inscriptions ni signe quelconque. On remarquait seulement quelques traces de cire, qui semblaient indiquer que des cierges avaient été fixés sur leurs parois par la simple adhérence de cette matière.

Ne peut-on pas voir dans l'emploi de ces sépulcres & dans la remarque précédente une intention de dévotion toute particulière pour ces matériaux vénérés sans doute comme ayant renfermé les restes de quelques corps saints?

---

(1) *Architecture monastique,* Albert Lenoir, t. II, p. 209, 210.

Les murs de cette crypte & ceux de son escalier étaient construits en pierre de taille & la voûte en moellons recouverts d'enduit.

Cette description & les détails de la planche XXIII sont d'autant plus intéressants, que les moindres traces de ce monument curieux ont aujourd'hui complétement disparu (1).

ÉGLISE DES SAINTES-MARIES (BOUCHES-DU-RHONE)

Planches XXIV à XXVII.

D'Arles aux Saintes-Maries on traverse l'île de Camargue. Ce delta du Rhône est merveilleusement décrit par l'auteur de *Mirèio*, l'un de nos poëtes méridionaux qui font revivre parmi nous les souvenirs de la langue romane. Plusieurs passages de ce livre justement célèbre, qui chante toutes les poésies de la Provence, renferment des descriptions saisissantes de ces étranges & pittoresques paysages. Là s'ébattent, au milieu des roseaux, les flamants aux ailes roses de l'Égypte; des troupeaux de taureaux noirs &

Vue de l'église des Saintes-Maries.

de chevaux sauvages de race sarrasine errent en liberté dans ces solitudes, & viennent boire & se baigner au rivage.

Lorsque, par un soleil brûlant, on côtoie la plage immense du Valcarès, le phénomène du mirage, si souvent décrit par les voyageurs, ajoute à l'étrangeté de cette contrée. L'église des Saintes apparaît alors dans un horizon indécis; le ciel & la mer

---

(1) Nous devons les détails intéressants de cette monographie à notre confrère, M. Joffroy, architecte du département de Vaucluse, qui nous a communiqué avec une extrême obligeance les documents précieux qu'il a recueillis dans sa circonscription.

confondus au loin se détachent à peine du sol grisâtre & fangeux & de la verdure desséchée des marécages.

C'est par cette route aride & sablonneuse que Mistral conduit dans le sanctuaire vénéré la gracieuse fille d'Arles qui vient prier & mourir devant la châsse des Saintes-Maries.

« Déjà, déjà des grandes Saintes — elle voyait l'église blonde, — dans la mer lointaine & clapoteuse, — croître comme un vaisseau qui cingle vers le rivage (1). »

Suivant la tradition, les saintes femmes, Marie, mère de Jacques, évêque de Jérusalem, & Marie Salomé, s'étant embarquées avec sainte Madeleine, saint Maximin & saint Lazare abordèrent sur les côtes de Provence, près de l'embouchure du petit Rhône.

Pour rendre grâces à Dieu de les avoir sauvés des dangers de la mer, ces saints apôtres élevèrent un autel de terre pétrie sur le lieu de leur débarquement; une source jaillit, dit la chronique religieuse, en cet endroit où jusques alors on ne trouvait que de l'eau salée. Ce prodige décida les saints voyageurs à élever un oratoire sur cet emplacement en l'honneur de la vierge Marie. Les deux saintes femmes Marie Jacobé & Salomé établirent leurs cellules & passèrent le reste de leur vie auprès de cet oratoire (2).

Telle est l'origine de Notre-Dame-de-la-Mer, autour de laquelle vinrent se grouper des habitations assez nombreuses; détruites par les Sarrasins, elles furent rebâties lorsque le calme se rétablit dans ces contrées solitaires.

Le nom du prince qui fit bâtir cet édifice est aussi inconnu qu'est incertaine la date précise de sa fondation; elle est attribuée par les uns à Constance, comtesse de Toulouse (3), sœur de Louis VII, en 1144 (4). D'autres disent que c'est à Bertrand Ier, comte de Provence, que revient cet honneur (5). Enfin les auteurs de la *Statistique des Bouches-du-Rhône* croient que Guillaume Ier, fils de Boson Ier, est le fondateur de l'église actuelle (6). « La fondation des Saintes, disent-ils, dut avoir lieu après l'an 981, lorsque « Guillaume, victorieux des Sarrasins, vint fixer sa résidence à Arles, où Conrad Ier, « roi de Bourgogne & suzerain de Guillaume, lui laissa exercer librement l'autorité « souveraine. » Malgré les réfutations auxquelles elle a donné lieu, nous partagerions

---

(1) *Mirèio*, Mistral, p. 371.

    Deja, deja, di gràndi Santo
    Vésié la gleiso roussejanto
    Dins la mar luiencho & flouquejanto
    Creisse coume un veisseù que poujo au ribeirés.

(2) *Monuments inédits sur l'Apostolat de sainte Madeleine*, par l'abbé Faillon, t. I, p. 1266 à 1340.
(3) *Annales massiliense*, p. 298.
(4) *Manuscrits de l'hôtel de ville d'Arles*. Véran.
(5) *La Couronne royale des Rois d'Arles*, par Bouis (1640), p. 450.
(6) *Statistique des Bouches-du-Rhône*, t. II, p. 1128.

assez cette dernière opinion, cette date de la fin du xi⁰ siècle nous paraissant parfaitement en harmonie avec l'édifice reconstruit, dans lequel ont été très-exactement conservés & encastrés des parties ou des fragments de l'édifice primitif.

Après ces quelques conjectures historiques, arrivons à la description de ce monument, résumée dans deux strophes élégantes, avec autant d'art que de précision, par le poëte provençal :

« Dans la partie haute de la belle église — sont trois autels, sont trois chapelles — bâties l'une sur l'autre en blocs de rocher vif. — Dans la chapelle souterraine — est sainte Sara, vénérée — des bruns Bohémiens; plus élevée — la seconde renferme l'autel de Dieu. »

« Sur les piliers du sanctuaire, — l'étroite chapelle mortuaire — des Maries élève sa voûte dans le ciel — avec les reliques, legs sacrés — d'où la gràce coule en pluie... — Quatre clefs ferment les châsses, — les châsses de cyprès avec leurs couvercles. »

« Une fois chaque cent ans, nous dit-il encore, on les ouvre. — Heureux, heureux, lorsqu'on les découvre, — celui qui peut les voir & les toucher! Beau temps — aura sa barque, & bonne étoile — & de ses arbres les pousses — auront du fruit à corbeillées, — & son âme croyante aura les biens éternels (1). »

A l'intérieur, à quelques marches au-dessus de la nef & sur la crypte des Saintes, s'élève l'abside éclairée par une seule fenêtre, & autour de laquelle se développent

---

(1) *Mirèio*, p. 439 & 440.

De-per-d'aut de la gleiso bello
l'a tres autar, ia tres capello
Bastido uno sus l'autro en blo de roucas vièu.
Dins la capelle sousterrado
l'a santo Saro, venerado
Di brun Bóumian; mai aubourado,
La segoundo es aquelo ounte èi l'autar de Diéu.

Sus li pieloun d'ou santuàri,
La capeleto mourtuàri
Di Mario, amoundaut, s'enarco dins lou cèu,
Mé li relicle, sànti laisso
D'ounte la gràci coulo à raisso....
Quatre clau pestellou li caisso,
Li caisso de ciprès emé li curbecèu.

Un cop, chasque cènt an, li duerbon.
Urous, urous, quand li descuerbon,
Aquéu que pou li vèire e li touca! bèu tèms
Aura sa barco & bone estello,
E de sis aubre li jitello
Auran de frucho à canastello,
E souu amn cresènto aura lou bon toustèms.

sept arcades aux colonnes et aux chapiteaux de marbre historiés. C'est là la seule décoration de ce vaisseau d'une simplicité très-grande. Après l'abside une petite travée basse comme elle; puis vient la nef plus élevée composée de cinq travées. La voûte insensiblement ogivale qui la recouvre est séparée à l'intérieur par des arcs-doubleaux contre-boutés par d'épais contre-forts. Le roi René d'Anjou ajouta, dit-on, à cette nef les deux premières travées pour agrandir cette église insuffisante déjà à cette époque au moment des pèlerinages (1); mais ce fut positivement ce prince qui fit élargir la chapelle souterraine & dénatura ainsi son aspect primitif.

Au-dessus de l'abside s'élève la chapelle de Saint-Michel, où sont gardées les reliques des saintes Maries; on y arrive par un escalier situé sur la gauche et conduisant à la plate-forme crénelée de cette construction. — La couverture de ce vaisseau est faite en dalles; une élégante crête découpée la couronne. A l'extérieur, deux colonnettes en marbre blanc, ornées de chapiteaux épannelés avec tailloirs richement sculptés, forment l'encadrement de la fenêtre de l'abside: la partie cintrée de l'évasement de cette ouverture paraît beaucoup plus ancienne que les colonnes et les chapiteaux. Sur la façade latérale, au midi, dans la quatrième travée, on voit encore dans les pieds-droits d'une porte murée deux lions extrêmement curieux: l'un dévore un agneau; l'autre tient un homme dans ses griffes. Il est assez difficile de se rendre un compte exact du faire & du style de ces deux marbres corrodés par l'air salé; ils paraissent cependant beaucoup plus anciens qu'aucune des sculptures qui ornent ce monument. Ces deux lions pourraient bien avoir appartenu à l'église primitive dévastée par les Sarrasins.

Nous reviendrons dans la monographie de l'église de Saint-Gilles sur l'importance iconographique de ces deux fragments; nous retrouverons aussi des sujets pareils dans le portail de Saint-Trophime d'Arles.

Les chapiteaux de l'abside des saintes Maries sont d'une grande finesse de travail: le sacrifice d'Abraham, l'Annonciation, la Visitation, l'ange apparaissant à Joseph, y sont représentés avec de riches détails. Ces sculptures sont d'un faire tellement identique à celles de la partie la plus ancienne du cloître de Saint-Trophime, qu'il est plus que probable qu'elles sont l'œuvre des mêmes artistes. Deux surtout se retrouvent semblables dans la même arcature du milieu de la galerie méridionale de ce cloître. C'est encore là une indication assez précise pour croire que le monument dédié aux saintes Maries, tel qu'il existe aujourd'hui, n'est pas antérieur au xie siècle, opinion du reste généralement admise par tous les archéologues qui ont fait leur pèlerinage artistique à Notre-Dame-de-la-Mer (2).

(1) Cette addition, quelle qu'en soit la date est évidente, malgré les assertions contraires ; le raccord intérieur, comme construction, est aussi nettement indiqué que celui de la couverture en dalles, qui est plus basse que celle des trois travées attenant à l'abside. (*Note de l'auteur.*)

(2) Voir Charles Lenormant, *Beaux-Arts et Voyage*, t. II, p. 53 et suivantes.

ÉGLISE DE SAINT-RUF, PRÈS AVIGNON (VAUCLUSE)

Planches XXVIII à XXXII.

Dans la plaine fertile qui s'étend au sud d'Avignon, & à trois kilomètres environ de cette ville, s'élèvent au milieu de constructions modernes quelques ruines & un clocher, seuls débris de l'ancienne abbaye de Saint-Ruf. Les documents historiques relatifs à l'origine de ce monastère, qui plus tard eut son siége principal dans le diocèse de Valence (1), ne remontent pas au delà du xe siècle.

A cette époque, de 907 à 909, Louis, roi de Provence, confirma la donation de cette abbaye en faveur de Rémi, évêque d'Avignon, ratifiant ainsi la cession faite précédemment à ce prélat par Boson, roi d'Arles (2).

Vers l'an 1038, quatre chanoines réguliers de Saint-Augustin, appartenant au chapitre de l'église d'Avignon, obtinrent de leur évêque Benoit & de leurs confrères l'autorisation de relever les ruines de cette abbaye, qui avait été saccagée dans le viiie siècle par les Sarrasins, et de venir s'y retirer dans la retraite. On conserve dans les archives départementales de Vaucluse (3) un acte des plus curieux, qui constate que les religieux de Saint-Ruf formèrent plus tard une école de sculpture & d'architecture importante. Ce serait donc peut-être aux artistes sortis de ce monastère qu'il faudrait attribuer la plupart des sculptures & des restaurations des monuments qui furent relevés aux xie & xiie siècles dans nos contrées méridionales.

« Dans cet écrit les chanoines réguliers de Notre-Dame-des-Doms se plaignent de
« ceux de l'église suburbaine de Saint-Ruf. Ils les accusent de s'être émancipés de leur
« tutelle; de se considérer comme les possesseurs de la maison de Saint-Ruf, pour l'agran-
« dissement et la perfection de laquelle le chapitre de l'église supérieure a dépensé plus
« de mille sous de son bien. Ils leur reprochent de ne plus envoyer, comme par le
« passé, leurs habiles tailleurs de pierre, leurs sculpteurs, leurs dessinateurs, pour tra-
« vailler à la construction de l'église majeure (4).

« Ils racontent enfin en terminant que les religieux de Saint-Ruf enlevèrent de
« force pendant la nuit un jeune peintre adopté par un chanoine de Notre-Dame qui
« avait fait son éducation artistique & lui avait enseigné l'art de peindre (*et artem suam*

---

(1) *Gallia christiana*, tome I, page 795.
(2) Dom Bouquet, tome IX, page 683. *Ludovici regis diplomata*.
(3) *Notes sur un acte du xie siècle*, par S.-P.-X. Achard, archiviste du département de Vaucluse. Carpentras 1856.
(4) Le texte latin s'exprime ainsi : « De inobedientia autem Domini Pontii rectori substituti vel subjectorum ejus, quamdiu domnus ille prepositus apud nos fuit, querimoniam nullam audivimus, imo tante obedientie tunc temporis extitisse ab his qui videre asseruntur quod illi, qui lignorum artifices vel lapidum sculptores vel scriptoria arte valenter inter eos habebantur per totam quadragesimam, vel quolibet tempore quo opus erat, majoris Ecclesie structure operam dabant. »

« *pictoriam edocuit*). Il ressort clairement de ces récits, dit M. Achard, que vers la fin du
« xi⁰ siècle, au plus tard, il y avait à Saint-Ruf toute une école d'architectes & de sculp-
« teurs; qu'un des chanoines de Notre-Dame-des-Doms exerçait la peinture, & que cet
« art était si fortement prisé, que les religieux de Saint-Ruf ne dédaignèrent pas de des-
« cendre aux plus déloyales manœuvres pour enlever au chapitre supérieur l'élève que
« ce chanoine semblait avoir formé avec la plus attentive sollicitude. »

En 1763, l'abbé général de Saint-Ruf ordonna la démolition de l'église de ce monastère, qui menaçait ruine; mais fort heureusement son abside principale, ses deux absides
latérales, une travée de la nef & des bas côtés avec leurs voûtes et le clocher élevé sur
l'une de ces absides latérales, furent épargnés; l'étude de ces restes importants permet
aujourd'hui d'apprécier l'élégance de l'ordonnance architecturale & des détails de cette
construction religieuse.

Circulaire à l'intérieur et octogonale à l'extérieur, la grande abside est percée de
trois fenêtres reliées entre elles par des arcatures richement moulurées, et reposant sur
des colonnettes cannelées ou ornées d'écailles. Deux pilastres surmontés de chapiteaux
supportent l'arc-doubleau qui la sépare de la nef : les bas côtés parfaitement appareillés
sont d'une grande simplicité : quelques moulures forment leur unique décoration.

Nous avons relevé avec le plus grand soin les ensembles & tous les détails de ces
débris précieux : car nous considérons les restes de l'église de Saint-Ruf comme un des
modèles les plus purs & les plus corrects de notre architecture romane du Midi.

ÉGLISE DE SAINT-MARTIN-DE-LONDRES (HÉRAULT)

Planches XXXII à XXXVII.

L'abbaye d'Aniane comptait parmi ses dépendances le monastère de Saint-Martin-de-
Londres, dont l'église est mentionnée dans un acte des archives de Saint-Guilhem, daté
de 1088 (1). Il ne reste aujourd'hui de ces bâtiments religieux que ce petit monument
dont la construction assez rustique forme un singulier contraste avec l'ingénieuse disposition de son plan.

Une nef étroite composée de deux travées seulement, séparées par des arcs-doubleaux reposant sur des demi-colonnes engagées; une grande arcature avec petites
colonnettes semblables se détachant sur chaque face latérale de ces travées, puis une
travée carrée, surmontée d'une coupole sphérique sur laquelle s'élève une petite lanterne;

---

(1) *Dictionnaire topographique de la France* — Hérault — par Thomas, page 188, *Villa, Ecclesia S. Martini-de-
Londres* (archives de Saint-Guilhem, H. L. II, pr. C. 298) & monuments divers du bas Languedoc, par J. Renouvier &
J.-B. Laurens.

trois arcades dont les archivoltes reposant également sur des demi-colonnes forment l'arc triomphal de trois absides circulaires à l'intérieur & à l'extérieur & aussi élevés que la nef : telle est l'immense combinaison du plan de cet édifice.

L'abside principale, précédée d'une travée plus petite destinée sans doute aux officiants, est ornée de cinq arcatures reposant sur trois petites colonnettes engagées & sur deux pilastres; les murs des deux autres sont entièrement nus. Les corniches extérieures de ces trois hémicycles se composent d'un simple filet avec un biseau, d'un cordon de dents de scie, & enfin de petits arcs reposant sur des consoles & reliés par des pilastres formant chaînes. — La même décoration se répète sur la partie octogonale de la coupole et sur les murs de la nef. — Les fenêtres qui éclairent les trois absides sont entourées à l'extérieur d'un gros tore interrompu à la naissance de l'archivolte, par un chapiteau cubique orné de feuilles ou de simples gravures en creux.

Les gros chapiteaux des demi-colonnes, supportant les arcs-doubleaux ou les archivoltes des arcades des absides, sont également de forme cubique : sur leur face l'ouvrier a tracé de simples hachures croisées pour faire une sorte de fond se détachant sur un encadrement lisse. — Les tores des bases sont taillés en corde.

L'appareil de cet édifice est en général petit & se joint aux divers détails précités pour faire classer Saint-Martin-de-Londres parmi les édifices construits vers le commencement du xe siècle au plus tard. Quant au porche, il est facile de voir par la forme & le caractère de son chapiteau & de ses moulures que cet annexe a été construit au commencement du xiie siècle (1).

Après cette description sommaire, il convient de rattacher l'église de Saint-Martin-de-Londres à la famille de certains édifices religieux qui se construisirent en France dès le viiie siècle. L'oratoire de Saint-Saturnin, la chapelle de Querqueville & l'église de Germigny-des-Prés (2), bien que construites à des époques différentes, présentent en effet comme plan des dispositions analogues. Il est également curieux de mentionner la similitude de sa décoration extérieure en arcatures avec celle de la rotonde de Brescia (3) & de quelques autres édifices italiens construits à la même époque.

(1) M. Bésiné, architecte du département de l'Hérault, a bien voulu nous communiquer ses relevés de l'église de Saint-Martin-de-Londres; ce travail consciencieux nous a fourni de précieux renseignements.
(2) *Architecture monastique*, par Albert Lenoir (II⁰ & III⁰ parties), page 8, 10 & 27.
(3) *Architecture lombarde*, par F. de Dartein, planche 23.

ÉGLISE DE SAINT-GUILLEM-DU-DÉSERT (HÉRAULT)

Planches XXXVIII à XLIII.

Guillem, duc d'Aquitaine, vaillant capitaine de Charlemagne, quitta la cour de cet empereur pour embrasser la vie monastique. Il choisit pour lieu de sa retraite une gorge profonde des Basses-Cévennes située dans le diocèse de Lodève, & ce fut dans ce vallon solitaire qu'il jeta, vers l'an 804, les fondations de l'abbaye de Gellone (1), en l'honneur de *N.-S. & Sauveur Jésus-Christ, de sainte Marie toujours vierge, de saint Michel archange, des B. B. apôtres Pierre & Paul, de saint André & de tous les apôtres.* La mort vint l'y surprendre au milieu de ces grands projets, & il rendit son âme à Dieu le 5 des Calendes de juin de l'an 812 (2).

Vue générale de Saint-Guillem-du-Désert.

Avant de mourir, Guillem confia le soin d'achever sa pieuse entreprise à Juliofredus, son parent, qu'il institua premier abbé de Gellone.

« Le changement (3) du nom de *Gellone* en celui de *Saint-Guillem* en commémo-
« ration des miracles opérés par les restes ou reliques du fondateur eut lieu en 1138,

---

(1) Voir *Dictionnaire topographique de la France* (Hérault) par Thomas, archiviste, page 181. — *Gallia christiana*, tome VI, pages 263, 264, 265, & *Notice sur l'autel de Saint-Guillem-du-Désert*, par A. Le Ricque-de-Mouchy, Montpellier 1857 : charte de la fondation du monastère de Gellone par Guillem, rapportée par les Bollandistes (*Acta sanctorum, maii*, tome VI, Anvers, 1688).

(2) D'après un manuscrit du XIIe siècle : *Vita sancti Wielmi* (bibliothèque de la ville de Montpellier).

(3) *Notice sur l'autel Saint-Guillem*, A. Le Ricque-de-Mouchy, page 11.

« selon le manuscrit de l'hôpital de Lodève & les leçons de l'office de Saint-Guillem,
« par ordre de l'abbé Raymond, donné après la cérémonie de la seconde translation
« des reliques. Il paraîtrait cependant, d'après quelques documents, notamment d'après
« le manuscrit lui-même que je viens de citer, que le peuple devait se servir déjà des
« noms d'*église* & de *monastère de Saint-Guillem*, & cela probablement depuis la béatifi-
« cation du fondateur; mais cet usage ne fut fixé légalement & authentiquement qu'en
« 1138. En effet, de toutes les chartes du Cartulaire, la plus ancienne que j'ai pu trouver
« portant le nom de *monastère de Saint-Guillem* est de 1153 (1). Les chartes d'une date
« plus reculée portent le nom de *monastère de Gellone*. »

Les religieux bénédictins de Saint-Guillem restèrent seuls maîtres de cette abbaye jusques en 1632; les religieux de Saint-Maur leur succédèrent en 1634. L'extinction et la suppression des titres de l'abbaye de Saint-Guillem-du-Désert furent confirmées en 1783 par lettres patentes du roi, & la Révolution dévasta la fondation du pieux compagnon d'armes de Charlemagne.

De tous les bâtiments de ce puissant monastère l'église seule est restée debout, au milieu de ruines de son beau cloître, dont les chapiteaux aussi riches que curieux ornent aujourd'hui un jardin de la petite ville d'Aniane (2). Cet édifice considérable se compose d'un porche placé sous le clocher, d'une nef & de deux bas côtés terminés par trois absides circulaires à l'intérieur & à l'extérieur. L'ordonnance architecturale de l'intérieur est d'une grande simplicité. A l'extérieur, la grande abside se fait remarquer par la richesse & l'élégance des arcatures qui la couronnent; caractère particulier à l'architecture des bords du Rhin & de la haute Italie (3) : rien n'est plus pittoresque que la façade postérieure de cette église, se dessinant sur les montagnes élevées qui forment le fond de ce décor magnifique & saisissant, lorsqu'on aperçoit le village de Saint-Guillem. La sculpture de certains chapiteaux de ces arcatures offre une très-grande analogie avec celle des chapiteaux des fenêtres de l'église haute de Mont-Majour (4) & avec l'ornementation de plusieurs chapiteaux de l'église de Saint-Ambroise de Milan (5). La petite abside du côté gauche est décorée de la même manière; sur l'autre, bien plus simple, sont figurées de petites arcatures reposant sur des consoles & reliées entre elles par quatre pilastres. — Les façades latérales de la nef & des bas côtés sont construites dans le même système. — L'archivolte du porche & les corniches de cette église sont ornées de dents de scie comme à Saint-Martin-de-Londres que nous venons de décrire.

L'examen seul du plan de ce curieux édifice suffit pour reconnaître parfaitement qu'il a été construit à deux époques différentes.

---

(1) « Anno ab incarnatione dñi MCLIII, ego Ugo Rutessensui comes et ego Ermengardis uxor hac carta soluimus dño Deo et Sco Salvatori et abbati monasterii S. Guillelmi, etc. » (*Cartulaire de saint Guillem*, fol. 194 : archives de la préfecture de l'Hérault).

(2) Ces belles sculptures appartiennent à M. le juge de paix Vernière, qui les conserve avec le plus grand soin. — Quelques types de ces chapiteaux & de leurs colonnes ornées sont décrits & figurés dans notre IIIe volume. — Planches LV & LVI.

(3) *Abécédaire d'archéologie*, par de Caumont; 5e édition, page 182.

(4) Voir tome II, pl. XXXIV.

(5) *Architecture lombarde*, par F. de Dartein, pl. XXXI et XLI.

La nef & les bas côtés d'une construction grossière sont probablement l'œuvre des ouvriers employés par Guillem dans ce lieu désert. Les transepts & les trois absides furent édifiés par l'un de ses successeurs ou par Juliofrédus peut-être, qui jugea que le plan primitif devenait insuffisant pour cette fondation pieuse. Ces bas côtés étroits que nous remarquons dans la plupart de nos églises primitives à trois nefs ne pouvaient servir en effet que de dégagement : les fidèles remplissaient la nef & l'évacuaient à droite & à gauche par des collatéraux. — Cette seconde partie des constructions de l'église de Saint-Guillem ne paraît pas devoir être postérieure au commencement du xe siècle.

On voit encore dans certaines parties du cloître des traces de peintures murales qui, malheureusement, sont trop effacées pour être reproduites.

Le curieux autel de cette église, chef-d'œuvre de sculpture & de mosaïque, qui présente un intérêt spécial au point de vue de l'iconographie chrétienne au xiie siècle, se trouve décrit dans le troisième volume de notre publication, avec les divers types de ces tables sacrées que nous avons pu réunir dans nos contrées méridionales (1).

ÉGLISE DE MAGUELONNE (HÉRAULT)

Planches XLIV à XLVII.

L'île de Maguelonne, l'antique *Mesna* (2), située en face de l'Afrique & des îles Baléares, prise par les Visigoths d'abord, devint ensuite le port de refuge & l'asile fortifié des Sarrasins jusques en 737, époque à laquelle Charles Martel les en chassa et détruisit

Vue de Maguelonne.

de fond en comble leurs constructions sur ce point stratégique. Cette ville insulaire ne fut plus alors qu'un amas de ruines & de débris, disent les chroniqueurs. — L'évêque partit

---

(1) Nous devons à l'obligeance de M. Arribat, inspecteur des travaux diocésains de Montpellier, des renseignements graphiques très-précis sur l'église de Saint-Guillem-du-Désert.

(2) *Dictionnaire topographique de l'Hérault*, par Thomas, page 102.

& se réfugia à Villeneuve, où, à la faveur du démembrement de la monarchie carlovingienne, il assit son avenir féodal (1). Louis le Débonnaire, Béranger Ier, aidèrent à l'établissement de l'évêque Ricuin II. Le fils du comte de Provence, Bernard II, l'enrichit également d'un grand territoire ; enfin les sœurs de Saint-Fulcrand lui abandonnèrent Montpellier, *Montpellieret*, principale source de l'importance des prélats de Maguelonne. L'évêque Arnaud fit reconstruire son église & y établit une communauté en adjoignant à cet édifice diverses constructions accessoires aujourd'hui détruites. Un de ses successeurs, Jean de Montlaur, voyant, dit une charte, cette église cathédrale menacer ruine, exhorta ses fidèles à la reconstruire, & donna lui-même 30,000 sous pour cette œuvre : au moyen de ces ressources on démolit la vieille église & la neuve fut reconstruite (2). Il ne reste des anciennes constructions de Maguelonne qu'une petite chapelle insignifiante & que la cathédrale. Autrefois on ne pénétrait dans cet édifice qu'à l'aide de portes défendues & de pont-levis. Les statuts de 1331 mentionnent que dans cette enceinte se trouvaient les églises de Saint-Pancrace, Saint-Pierre, Saint-Augustin, une tour Sainte-Marie, une tour Saint-Jacques, un cloître, un chapitre & un dortoir. Saint-Pierre était la cathédrale. Elle englobait les deux autres églises. Jusqu'à présent on éprouvait quelques difficultés à préciser la place de celle de Saint-Augustin. La découverte de chartes nouvelles permet d'affirmer que ce n'était qu'une chapelle intérieure comme celle de Sainte-Marie & de Saint-Pancrace. En dehors de l'enceinte canoniale était Saint-Blaise & Saint-Jean. De toutes ces constructions il ne reste que Saint-Pierre. Le cardinal Richelieu n'a pas osé tout détruire. Il a cependant fait une large place autour d'elle.

Tels sont les principaux documents historiques se rattachant aux monuments religieux dont nous allons donner la description architectonique.

La nef de Saint-Pierre de Maguelonne est composée de quatre travées terminées par une abside ornée de petites arcatures supportées alternativement par des colonnes accouplées ou par des consoles.

Dans l'intervalle de ses colonnes accouplées, trois fenêtres à colonnes cantonnées éclairent ce sanctuaire ; le même système d'ouvertures ajoure la nef recouverte par une voûte plein cintre. A droite & à gauche de la quatrième travée de la nef, deux travées basses formant transepts se terminant par deux petites absides. Cette addition au plan primitif, qui ne devait se composer que d'une nef & de son abside, pourrait bien être l'œuvre de l'évêque Gautier. — La sculpture des chapiteaux des transepts & des divers détails intérieurs est simple : ce sont des types ordinaires, feuilles ou animaux, qui se rencontrent dans plusieurs monuments de ces contrées. — On arrive sur la toiture en

---

(1) Nous avons emprunté les détails historiques qui précèdent & vont suivre à l'ouvrage de M. A. Germain ; — *Maguelonne sous ses évêques & ses chanoines*. — Cette étude remarquable est l'œuvre consciencieuse d'un savant distingué à qui sont dus déjà les travaux les plus importants sur l'histoire de nos contrées méridionales.

(2) *Chronique inédite de Maguelonne*, par M. A. Germain, page 14.

« Cum dominus Johannes factus esset episcopus, videns ecclesiam ruinam minari, cum parochianis suis super ejus reædificationem locutus est... et *his* ecclesia vetus *demolita est* et *nova* ex majore parte *constructa*.

dalles plates & autrefois couronnée d'une crête découpée par un escalier pratiqué dans l'épaisseur du flanc gauche de la nef. — Ces degrés donnent également accès à la chapelle dite de Saint-Pancrace, s'élevant sur la partie gauche des transepts : cette chapelle, comme les fenêtres supérieures de la façade, est formée d'appareils alternativement blancs & noirs, ou blancs & rouges.

Le même système d'ornementation a été employé dans la porte de cet édifice (pl. XLVI & XLVII). — Cette entrée est surmontée d'un tympan ogival, encadré par un archivolte, appareillée en marbre de diverses couleurs alternativement blanc, gris ou rouge, & sur lequel est sculptée la figure du Christ assis au milieu des quatre symboles évangéliques. Ce tympan repose directement sur un linteau orné des plus riches rinceaux & entouré de l'inscription suivante :

AD PORTV(M) VITE ⁝ SITIENTES QVIQ̄(VE) VENITE ⁝
HAS INTRANDO FORES ⁝ COMPONITE MORES ⁝
HINC INTRANS ORA ⁝ TVA SE̅(M)P(ER) CRIMINA PLORA.
QVICQ(V̅I)D PECCATUR ⁝ LACRIMA̅R(VM) FONTE LAVATUR.
(1) B. D. III VIIS FECIT HOC A̅N(N)O : INC (ARNATIONIS) D(OMINI), MCLXXVIII.

Cette entrée fait donc partie de la reconstruction précitée érigée avec l'argent de Jean de Montlaur & de ses diocésains. Les pieds-droits de cette entrée sont composés d'appareils irréguliers dans lesquels ont été incrustés à droite & à gauche deux bas-reliefs représentant saint Pierre & saint Paul. Ces deux sculptures d'une époque bien antérieure à la construction de cette entrée pourraient bien avoir appartenu à la décoration du monument primitif.

Rentrons un instant dans l'intérieur de cette église pour remarquer une vaste tribune, divisant les deux premières travées en deux parties sur leur hauteur & devant recevoir les fidèles qui se trouvaient ainsi séparés des religieux. Cette disposition existe dans l'église du Thor (Vaucluse) & dans plusieurs édifices religieux d'Espagne (2).

L'appareil général de la nef de ce monument offre une particularité remarquable : il se compose d'assises alternées de 0^m,50 & de 0^m,23 en moyenne. — Sur quelques-unes sont gravés divers sigles : nous donnons ici les principaux.

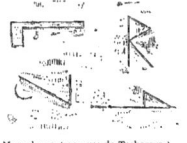
Maguelonne (marques de Tacherons.)

Saint-Pierre de Maguelonne fut siége épiscopal jusques en 1533, époque à laquelle ses évêques s'installèrent à Montpellier; mais ils continuèrent à se faire enterrer dans leur ancienne cathédrale : c'est pour cela qu'on voit encore dans cette église abandonnée les tombes & monuments funèbres de plusieurs prélats, qui préférèrent aux caveaux de la nouvelle métropole (3) la sépulture ordinaire de leurs prédécesseurs.

---

(1) B(ernardus) D(e) III (pour Tre)VIIS. — Bernard de Tréviers.
(2) *Histoire générale d'architecture*, par Daniel Ramée, tome II, page 837.
(3) Maguelonne appartient aujourd'hui à M. Fabrége, qui a pour ce beau monument le culte d'un véritable archéologue.

ÉGLISE DE RIEUX-MÉRINVILLE (AUDE)

Planches XLVIII à LI.

Le petit village de Rieux-Mérinville possède un monument circulaire des plus curieux, qui a attiré à juste titre l'attention des architectes et des archéologues.

Au centre de cet édifice, trois colonnes & quatre piliers placés aux angles d'un heptagone, & surmontés d'arcatures plein cintre supportent un dôme qui, à sa naissance, accentue légèrement les arêtes correspondant à ces angles. Ce motif central est entouré d'une galerie, dont le mur polygonal forme l'enceinte du monument; les quatorze faces de ce polygone correspondent deux par deux à une face de l'heptagone inscrit. Cette enceinte, à l'intérieur, est ornée de quatorze colonnes aux chapiteaux variés & richement sculptés, et sur lesquelles reposent des arcatures plein cintre. Un cordon règne tout autour de cette galerie, recouverte par une voûte en quart de cercle : quelques fenêtres construites en pénétration au-dessus de ces arcades éclairent l'édifice : à l'extérieur une colonne est placée à chaque angle en amortissement. Toute la partie supérieure au-dessus du cordon de la galerie est détruite. La porte principale (Planche XLIX) est placée à l'ouest; au sud se trouve une petite porte de dégagement, se composant de deux colonnes cantonnées dont le fût svelte et élégant est surmonté d'un chapiteau et d'un tailloir richement sculptés : ce tailloir se profile en cordon et vient ressauter sur le chapiteau des colonnes placées aux angles extérieurs de ce monument: une corniche supportée par des modillons ornés de feuillages couronne cette entrée latérale.

Tout autour de la galerie se groupent des chapelles du XIIIe & du XIVe siècle, & sur l'heptagone central s'élève un mur de même forme. Nous avons cru devoir dégager notre plan de ces annexes, & nous avons indiqué le tracé du monument primitif tel que nous l'avons compris en le relevant dans tous ses détails.

La place de l'autel dans une semblable église était évidemment au centre : ceux placés sur les faces de la galerie ne pouvaient être que des autels de second ordre, destinés à remplacer des chapelles spéciales.

L'état actuel des abords de la rotonde de Rieux-Merinville & le bouleversement des constructions parasites qui l'entourent ne permettent pas de se rendre compte de certaines parties qui devaient primitivement se relier à l'édifice principal. Ainsi, par exemple, le bel encadrement de porte, que nous donnons (Planche LI), faisait-il partie d'une sorte de porche ? Pour relever avec certitude un plan général de ce monument, il faudrait l'isoler; alors seulement pourrait se faire complète l'étude intéressante de sa construction & des modifications successives qui ont altéré sa forme primitive (1).

Le caractère des sculptures de la rotonde de Rieux-Merinville ferait remonter sa construction à la fin du xi° siècle : c'est l'opinion généralement admise par les savants, qui ont étudié ce monument remarquable. Mais l'encadrement de porte figuré sur la Planche LI, d'un travail aussi fin qu'élégant, semblerait appartenir à une partie annexe construite postérieurement, vers le milieu du xii° siècle au moins.

Malgré de nombreuses & sérieuses recherches dans les archives de Carcassonne, on n'a pu découvrir la date & l'origine de cette construction religieuse ; il n'est fait mention de Rieux-Minervois qu'au x° siècle, et cependant les seigneurs de Merinville, s'il faut en croire la chronique, remonteraient à une origine bien plus reculée.

Cette rotonde, comme le fait remarquer M. Viollet-Le-Duc, est évidemment une imitation du Saint Sépulcre de Jérusalem (2); M. Mérimée partage cette opinion (3); il est du reste facile de s'en convaincre en examinant le plan de cette église orientale telle qu'elle fut reconstruite vers le vii° siècle (4).

La similitude du monument de Rieux-Merinville avec l'église du temple de Londres a fait supposer à quelques archéologues français & anglais que cette église languedocienne aurait été construite par les Templiers : rien ne confirme cette présomption. On ne retrouve aucun des signes de cet ordre de chevalerie sur les appareils de l'édifice : la première conjoncture paraît donc la seule admissible.

NOTRE-DAME-DES-DOMS, AVIGNON (VAUCLUSE)

Planches LII à LIV.

Sur la plate-forme d'un rocher escarpé situé presque au centre de la ville d'Avignon s'élevèrent successivement dans les premiers siècles de notre ère un oratoire d'abord, puis une église, consacrés à la Vierge par la piété des premiers chrétiens, d'après la pieuse inspiration de sainte Marthe, s'il faut en croire la chronique.

Les Sarrasins, qui saccagèrent le midi de la France du viii° au x° siècle, n'épargnèrent point Avignon, & le premier de ces édifices disparut. Le second, élevé sur ses ruines, dut subir à son tour des dégradations considérables.

---

(1) Voir dans *la Mosaïque du Midi*, 6° année (1842), page 19, sur l'église ronde de Rieux-Minervois une notice fort intéressante de M. Tournal, le savant conservateur du Musée de Narbonne.
(2) *Dictionnaire raisonné de l'architecture*, de M. Viollet-le-Duc, tome VIII, page 288.
(3) *Notes d'un voyage dans le midi de la France*.
(4) *Les Églises de la Terre sainte*, par de Vogué, page 154, planche VII, fig. 1.

Plusieurs historiens (1), avec eux Suarès & après lui de Véras, font remonter la construction de la métropole actuelle d'Avignon à Charlemagne en 800. On pourrait, selon d'autres, l'attribuer aux libéralités du testament de cet empereur.

Ces documents historiques rapportent dans tous les cas, avec raison selon nous, l'église de Notre-Dame-des-Doms à l'époque carlovingienne. Nous dirons bientôt sur quelles indications on peut s'appuyer pour affirmer leur dire.

Traçons d'abord le plan de cet édifice : un vaste porche ouvert sur trois faces & accolé contre la façade surmontée d'un clocher, une grande nef recouverte par une voûte formée par deux arcs de cercle et séparée par des arcs-doubleaux reposant sur des pilastres & sur des colonnes cantonnées, une coupole dont nous décrirons plus tard la construction originale : telles sont les parties conservées de l'église bâtie sous le règne des carlovingiens, jusqu'à la hauteur des contre-forts pour la nef, jusqu'à la moitié du 1er étage pour le clocher. L'abside circulaire, qui terminait ce vaisseau, fut détruite en 1671 par Mgr Azon Arioste pour agrandir cette nef d'une travée & augmenter le périmètre de son sanctuaire. On ne saurait trop regretter cette mutilation (2) & l'addition de ce jubé parasite : elles dégradent ce curieux monument qu'il eût été si intéressant de pouvoir étudier complétement dans son ensemble comme dans ses moindres détails. Les parties anciennes conservées sont assez importantes cependant pour fournir de précieuses observations.

Examinons maintenant les caractères distinctifs de ce monument :

« L'ancienne église cathédrale Notre-Dame-des-Doms, *de domnis*, dit M. Mérimée, « est comme une transition entre l'époque romaine & le moyen âge. Son porche (3) est « l'un des monuments les plus curieux qu'offre la Provence. Au premier aspect on est « tenté de le croire antique; le doute ne vient qu'après un examen sérieux; et, lorsqu'il « s'agit de lui donner une date, on se trouve jeté dans la plus grande incertitude.

« La porte extérieure se compose d'une arcade en plein cintre, entre deux colonnes « corinthiennes cannelées soutenant un fronton triangulaire.

« La seconde porte, celle qui s'ouvre dans l'église, est semblable, si ce n'est qu'elle « est plus basse, et que l'angle supérieur du fronton est plus aigu. Les chapiteaux, les « moulures, les ornements des archivoltes, tous les détails ont un style antique qui « frappe vivement au premier abord.

« Cependant on ne retrouve pas les caractères si reconnaissables de l'appareil ro- « main. Celui-ci est plus compliqué et formé de pierres, dont les dimensions sont « moindres que celles du grand appareil romain, plus considérables que celles du petit « appareil. Les tambours des petites colonnes engagées sont taillés d'une manière bizarre.

---

(1) *Gallia christiana, ecclefia avenionenfis*, tome I, page 803.

« *Anceps est Coentius uter Humberti & Josephi episcoporum ecclefiam Sanctæ Mariæ a Saracenis eversam restauraverit.* »

Manuscrits de Suarès & manuscrits de Véras, conservés à la bibliothèque d'Avignon.

(2) *Épitaphes & inscriptions d'Avignon*. Manuscrits du chanoine de Véras conservés à la bibliothèque d Avignon, page 3. Manuscrits de l'abbé de Massilian, 2e volume.

(3) Voir planches LIII & LIV.

« Chaque demi-cercle porte une espèce de queue qui entre & fait corps dans la muraille.
« Je ne crois pas que cette taille se rencontre dans aucun appareil antique. On observe
« également la forme du fronton intérieur & l'œil-de-bœuf du fronton extérieur. Enfin
« les moulures des impostes de l'arc extérieur présentent entre elles des différences de
« formes assez sensibles pour indiquer le commencement de cette haine de la symétrie,
« de ce goût de la variété des détails propre à l'architecture du moyen âge, goût qui,
« prenant successivement plus d'extension, atteignit son plus grand développement à
« l'époque gothique (1).

« Si je suis parvenu à rendre ma description compréhensible, on remarquera que
« ce porche ne se distingue d'un monument antique que par des caractères négatifs.
« Aucun de ces caractères isolés n'est absolument concluant, mais leur ensemble forme
« une masse de présomptions qui approchent de la certitude. On sent qu'ils ne peuvent
« servir à indiquer une époque, une date précise. Et ici il faut encore procéder par
« voie de négation. Et d'abord, on ne peut supposer que ce porche ait été construit
« postérieurement au XIᵉ siècle, car à cette époque commença en Provence & dans
« toute l'Europe un style d'architecture tellement caractérisé, que toutes les constructions
« qui s'y rapportent sont facilement reconnaissables. On pourrait, il est vrai, supposer
« (l'intention d'imiter l'antique étant patente) que cette imitation a pu avoir lieu aussi
« bien au XIᵉ siècle qu'aux siècles précédents. Ç'aurait été une exception, un caprice
« d'artiste. A la rigueur, la chose serait possible, mais pour l'admettre il faudrait pou-
« voir citer quelque exemple à l'appui. Nous voyons bien plusieurs imitations de
« l'antique dans le XIᵉ & le XIIᵉ siècle, mais toujours incomplètes & très-reconnaissables.
« Les pilastres d'Autun, par exemple, sont copiés sur ceux des portes romaines de cette
« ville ; mais leurs chapiteaux, mais tous les détails de l'église à laquelle ils appartiennent
« sont romans. A cette époque on a bien imité les détails, mais je ne sache pas qu'on
« ait jamais copié le style général de l'architecture antique. D'abord, où étaient les
« modèles que les architectes de ce temps auraient eus sous les yeux pour les copier?
« Avignon, successivement saccagé par les Francs & les Sarrasins, ne devait plus pré-
« senter que des restes informes. Je pense donc qu'il faut se reporter à une date
« plus éloignée de nous.

« Il me semble d'abord naturel de chercher une époque de renaissance où le
« goût antique, auquel on revient toujours en sortant de la barbarie, a été remis en
« honneur. Le siècle de Charlemagne m'avait paru probable pour ce motif. En effet,
« dans les dernières années de son empire, Charlemagne imprima à l'Europe un mou-
« vement de civilisation prononcé qui se manifesta par une imitation de l'organisation
« politique de l'empire romain, par l'étude de la langue & des arts de ces maîtres du

---

(1) « Il paraît évident que ce porche dans sa construction primitive était ouvert sur ces deux faces latérales. On peut s'en convaincre en examinant les arrachements qui subsistent encore du côté de l'église. Quelques archéologues pensent que le porche a été détruit en partie par le renversement du clocher & que la partie supérieure, le fronton & l'œil-de-bœuf entre autres, peut bien être le résultat d'une restauration. »

« monde; mais rien ne prouve que l'architecture ait suivi ce mouvement. Les construc-
« tions que l'on est fondé à croire carlovingiennes sont empreintes de barbarie, & rien
« n'y rappelle les proportions élégantes du portail de Notre-Dame-des-Doms.

« Reculant ainsi de siècle en siècle, on est bientôt forcé de s'arrêter à la limite
« tracée par les invasions des Barbares, pendant lesquelles on ne peut guère supposer
« qu'on ait élevé d'autres constructions que celles qui pouvaient défendre les villes
« contre les dévastateurs.

« Du vi^e au viie siècle, la Provence jouit d'une tranquillité relative, qui permet de
« penser qu'on a pu s'occuper alors de bâtir des édifices religieux durables & de grande
« proportion. Les souvenirs romains n'étaient pas encore effacés & l'on ne connaissait
« alors d'autre architecture que celle du Bas-Empire, plus ou moins adroitement repro-
« duite. C'est à cette époque qu'on pourrait supposer que le portail en question a été
« élevé. Dans cette hypothèse, les limites seront d'un côté le règne du roi bourguignon
« Gontran, de l'autre les invasions des Sarrasins (1)......... »

Nous avons reproduit en entier la remarquable dissertation de M. Mérimée, car elle est aussi explicite que possible au sujet du style tout à fait antique qui caractérise la cathédrale d'Avignon. Mais d'autres observations importantes, qu'un examen minutieux de cet édifice nous a suggérées, nous font différer dans nos conclusions avec le savant auteur des *Notes d'un voyage dans le midi de la France*. Il attribuerait volontiers au viie siècle la construction du porche & la ferait ainsi antérieure à l'église contre laquelle il se trouve accolé. Nous partageons l'opinion de l'ami qu'il cite, & nous croyons que le porche est contemporain de sa nef, & que ces deux constructions appartiennent à l'époque de Charlemagne. Pour le prouver, il faudrait répéter ici toute une argumentation qui fait l'objet de l'*Appendice*, que nous ajoutons à cette publication, & qui a pour but d'établir sur des bases & des preuves certaines la chronologie des monuments du style de Notre-Dame-des-Doms. Nous nous bornerons donc à signaler que les appareils, que la taille & que les lettres qui se distinguent sur le porche se remarquent sur la façade & sur le clocher jusques à la moitié de son premier étage (2); sur les murs latéraux dans la nef, sur les arcs qui supportent la coupole & sur cette coupole même; signes évidents de contemporanéité.

La figure 1 représente une partie du chapiteau de ce porche & la figure 2 un fragment de la corniche. Ne dirait-on pas au premier abord que ces détails appartiennent à de l'architecture du Bas-Empire? Sauf la frisure des feuilles & leur sou-

---

(1) « M. Artaud, dont le nom rappelle tant d'intéressants travaux archéologiques, place la construction de ce porche à la
« fin du ixe & xe siècle. Les pierres offrent presque toutes des lettres gravées assez profondément; ce sont les marques que les
» ouvriers travaillant à la pièce ont de tout temps employées pour désigner leurs ouvrages.

» Ces lettres, parmi lesquelles sont surtout des P & des R, ont paru à M. Artaud offrir une grande analogie avec les
« mêmes caractères tels qu'on les traçait au ixe & au xe siècle. Cette observation serait concluante si on pouvait déterminer
« rigoureusement les caractères de cette époque; mais on n'a pour point de comparaison que des lettres tracées avec la plume
« ou le pinceau sur des manuscrits... »

(2) Toute la partie supérieure de ce clocher fut rasée lors du siège de 1410, par Rodrigue DE LUNA. Cette tour le gênait
pour la défense de la tour voisine; elle ne fut reconstruite qu'en 1431.

dure, types très-distinctifs de la sculpture des monuments carlovingiens, l'identité est complète.

Le tympan du fronton intérieur est orné d'une fresque, attribuée à un élève de Giotto. Cette peinture, maintenant presque détruite, est d'un beau dessin & sa composition est simple & grandiose.

Avant de quitter le porche de Notre-Dame-des-Doms pour étudier les autres parties de l'édifice primitif, il convient de parler de l'usage de ces portiques dans les premiers siècles du christianisme; M. Viollet-le-Duc (1) traite ainsi cette question dans son Dictionnaire :

Fig. 1. — Chapiteau du porche de Notre-Dame-des-Doms.

« Les plus anciennes églises chrétiennes possédaient, « devant la nef réservée aux fidèles, un porche ouvert « ou fermé, destiné à contenir les catéchumènes & les « pénitents. Cette disposition avait été empruntée aux basi-« liques antiques, qui étaient généralement précédées d'un « portique ouvert. Lorsqu'il n'y eut plus de catéchumènes « en Occident, c'est-à-dire lorsque le baptême étant donné « aux enfants, il ne fut plus nécessaire de préparer les nouveaux convertis avant de « les introduire dans l'église, l'usage des porches n'en resta pas moins établi, & « ceux-ci devinrent même dans certains cas des annexes très-importants, de vastes

Fig. 2. — Corniche du porche de Notre-Dame-des-Doms.

« vestibules souvent fermés, pouvant contenir un « grand nombre de personnes & destinés à divers « usages. Il faut reconnaître même que l'habitude « de construire des porches devant les églises alla « s'affaiblissant à dater du XIIIe siècle ; beaucoup de « monuments religieux en sont dépourvus depuis « cette époque, notamment la plupart de nos « grandes cathédrales, tandis que, jusque vers le « milieu du XIIe siècle, on ne concevait pas une « église cathédrale, conventuelle ou paroissiale, sans « un porche au moins devant l'entrée majeure. »

« Les porches paraissaient avoir été adoptés « dans nos plus anciennes églises du moyen âge. C'était, dans l'église primitive, sous « les porches ou vestibules des basiliques que l'on enterrait les personnages marquants, « les empereurs, les évêques (2). »

Le porche placé en tête de la nef n'est point la seule particularité remarquable de la cathédrale d'Avignon. Comme nous l'avons déjà dit, une coupole s'élève sur la sixième travée de cette nef. La superposition étrange des arcs accolés qu'il a fallu faire pour for-

---

(1) *Dictionnaire raisonné d'architecture* de M. Viollet-le-Duc, tome VII, page 259.
(2) Sous la colonne à gauche de la porte intérieure du porche de Notre-Dame-des-Doms, se trouve incrustée une tablette.

mer une assiette carrée à cette coupole (1) semblerait indiquer un exemple d'invasion de cette construction spéciale sur des plans qui n'étaient nullement destinés à la recevoir (2). Nous avons de fortes présomptions pour croire au contraire que cette annexe a été conçue, l'édifice commencé, mais qu'il a fait partie de la construction primitive. Tailles, marques de tâcherons, sculpture, tout est identique aux différentes parties du monument, attribué au IXe siècle au moins.

Mais, objectera-t-on à cette assertion, quelle place donner alors à ce document historique cité dans la précédente monographie de Saint-Ruf, qui signale la construction de l'église majeure de Notre-Dame, pour laquelle les chanoines de ce monastère suburbain refusent aux chanoines de la métropole leurs habiles ouvriers, tailleurs de pierre, sculpteurs, &c. ? La réponse à cette objection est facile; & d'abord il ne faut pas donner à ces mots *Ecclesie structure* la signification spéciale de construction neuve : ils peuvent parfaitement s'appliquer aux réparations, aux constructions partielles. Or, en examinant attentivement l'extérieur de Notre-Dame-des-Doms, il est facile de découvrir la nature des travaux pour lesquels étaient réclamés les artistes de Saint-Ruf. On voit en effet une ligne de démarcation très nette dans la construction des façades latérales, & surtout sur l'extérieur de la nef à droite. Évidemment, la partie supérieure des contre-forts & cette grande corniche à modillons ornés de feuilles d'acanthe, qui a tous les caractères de la sculpture du XIIe siècle, & des types qu'on retrouve à Saint-Gilles, sont postérieurs de bon nombre d'années à la construction primitive. Cette date, assignée par l'examen comparatif des diverses parties de Notre-Dame-des-Doms, coïncide parfaitement avec celle attribuée à l'acte de Saint-Ruf, & la surélévation des murs dégradés par les Sarrasins, la construction de la corniche ornée, de la voûte, peut-être de la toiture & de la crête, & la restauration de la coupole donnent de ces mots: *ecclesie structure*, une interprétation très-acceptable.

L'étude de Notre-Dame-des-Doms, au point de vue de la classification des monuments religieux du Midi antérieurs au XIe siècle, & de leurs divers caractères distinctifs, est donc une des plus intéressantes, des plus curieuses & des plus concluantes.

de marbre, sur laquelle est gravée l'inscription suivante, dont nous devons la lecture à notre honorable ami M. le baron de Guilhermy, le savant auteur des monographies des églises de Notre-Dame de Paris & de Saint-Denis :

> (Hic) pueri: fratres tenero sub tempore functi,
> In teneris annis tumulantur corpore juncti ;
> (Hic) Raimuns, Jordanus, Bnadus, Guilmus & alter
> Nati Guicardi nunquam tumuletur ut alter,
> Parte vetat Christi sancte quoque parte Marie,
> Aut pater, aut mater quibus adsint dona sofre
> — Enis in nonis conduntur mense decembre.

(1) *Dictionnaire raisonné d'architecture* de M. Viollet-le-Duc, tome IV, page 360.
(2) Voir planches LII & LIII.

ÉGLISE DE SAINTE-MARIE-AU-LAC-LE-THOR (VAUCLUSE)

Parmi les églises du xiie siècle du midi de la France à une seule nef terminée par un abside ornée à l'intérieur & à l'extérieur, celle du Thor peut être citée comme un modèle des plus complets & des plus remarquables.

Située sur les bords de la Sorgue, Sainte-Marie-au-Lac, ainsi nommée en souvenir d'une statue de la sainte Vierge qu'un taureau fit retrouver dans un étang, a deux entrées : l'une, à l'extrémité de la nef au couchant, & l'autre sur sa façade latérale au midi, abritée sous un porche des plus richement décorés. Sa nef se compose de trois travées recouvertes par des voûtes d'arêtes réunies par des arcs-doubleaux assis sur un faisceau de piliers engagés, & d'une quatrième travée précédant l'abside & surmontée d'une coupole à pendentifs sur laquelle repose le clocher. L'abside à l'intérieur est ornée de sept arcatures reposant sur des colonnettes élancées dont les fûts sont divisés en deux parties alternativement octogonales ou circulaires, & réunies par des bagues; de riches chapiteaux surmontent ces colonnettes. A la naissance de l'abside, à droite & à gauche, deux pilastres aux fûts aussi richement sculptés que leurs chapiteaux sont accouplés avec les colonnes de ces arcatures.

A l'extérieur (1) cette abside à pans coupés est décorée de pilastres formant chaîne d'angle, & le sommet de sa couverture en dalles se termine par un amortissement composé de trois têtes accouplées (2).

Chaque travée de la nef est éclairée, au midi, par une fenêtre ornée à l'extérieur par deux colonnes cantonnées supportant une archivolte. Des tribunes en bois, rétablies à peu près à la hauteur de trois mètres du sol, & parallèlement aux murs latéraux, devaient relier chaque travée, à l'intérieur de la nef : des ouvertures furent ménagées à cet effet par le constructeur dans l'épaisseur des massifs des piliers. Une grande tribune en pierre divise la première travée en deux étages. L'église de Maguelonne nous offre un exemple semblable.

La façade principale, d'une grande simplicité, ne se fait remarquer que par sa porte au fronton aigu. C'est une sorte de réminiscence des motifs des portes de Saint-Gabriel & de celles des églises de Perne & de Notre-Dame-des-Doms : l'ornementation seule, tout en se rapprochant comme disposition de celles de ces monuments, a tout à fait le caractère du commencement du xiie siècle. — Cette observation s'applique également au porche latéral & à sa porte : les détails ravissants de cet annexe, construit à la fin du xiie siècle, fixent à juste titre l'attention des visiteurs de Sainte-Marie-au-Lac.

---

(1) Voir *Dictionnaire* de M. Viollet-le-Duc, tome I, pages 4 & 5.
(2) *Id.*, page 16.

ARCHITECTURE ROMANE.

Le clocher qui s'élève sur la quatrième travée de la nef n'a jamais été achevé : il s'arrêtait au premier étage. — Les appareils de l'église du Thor sont couverts de marques de tâcherons. Voici les principales : leur forme & leur caractère diffèrent de

celles que nous avons déjà signalées & que nous donnons dans l'appendice comme appartenant à la période carlovingienne.

On ignore la date précise de la construction de cette église : le seul document authentique qui la mentionne est une charte de 1202, citée par dom Chantelou (1) à propos d'un échange entre l'évêque de Cavaillon & l'abbé de Saint-André, dans laquelle on remarque ce passage : « Tradidit, concessit & laudavit in perpetuum ecclesiam Sancti Petri de Thoro, & *ecclesiam novam* Sanctæ Mariæ in villa de Thoro. »

Cette dénomination *novam* s'applique sans doute au porche latéral que nous venons de mentionner.

Les nombreuses planches de cette monographie rendent inutile une description plus longue & plus détaillée de cet édifice, que les architectes considèrent avec raison comme un monument modèle.

(1) (*Histoire du monastère de Saint-André*, f° 35, v°), note citée par M. Jules Courtet. *Dictionnaire géographique des communes de Vaucluse*, Avignon, 1857.

FIN DU TOME PREMIER.

ARCHITECTURE ROMANE
DU MIDI DE LA FRANCE

PREMIER VOLUME

TABLE DES PLANCHES ET DU TEXTE

PLANCHES.		TEXTE.
	Introduction...	1 à 4
	CHAPELLE DE L'ILE DE LÉRINS (VAR)	
I.	Chapelle de la Trinité, plan, coupe et élévation......................	5
	Chapelle Saint-Sauveur, plan, coupe et élévation.....................	6
	CHAPELLES DE SAINT-VÉRÉDÈME (GARD) ET DE MOLLÉGÉS (BOUCHES-DU-RHONE)	
II.	Chapelle de Saint-Vérédème, plan, coupe transversale, élévation......	8 & 9
	Chapelle de Mollégès, plan, profils, coupes longitudinale et transversale, élévation........	9 & 10
	ORATOIRE DU FORT SAINT-ANDRÉ, A VILLENEUVE-LÈS-AVIGNON (GARD)	
III.	Plan, coupe longitudinale; élévations postérieure et latérale, profils et détails de la fenêtre de l'abside...	10 & 11
	ORATOIRE DE SAINT-TROPHIME, PRÈS ARLES (BOUCHES-DU-RHONE)	
IV.	Plan de l'oratoire; coupe transversale, coupe longitudinale..................	11 à 13
V.	Vue intérieure de l'oratoire; chapiteaux....................................	—
	CHAPELLE DE SAINT-CROIX DE MONTMAJOUR, PRÈS ARLES (BOUCHES-DU-RHONE)	
VI.	Plan, élévation principale, coupes longitudinale et transversale.............	13 à 15
VII.	Détail du fronton supérieur de la coupole. Détail du fronton du porche, consoles et corbeaux.	—
VIII.	Divers motifs de crête ornés; divers motifs d'ornement de la corniche des absides........	—
	CHAPELLE DE SAINT-GABRIEL, PRÈS DE TARASCON (BOUCHES-DU-RHONE)	
IX.	Plan et coupe longitudinale...	16 à 18
X.	Façade principale; élévation postérieure et coupe transversale................	—
XI.	Détails des colonnes engagées du portail et de leurs corniche et fronton. Détails de la rose. Profils de la rose et du fronton.......................................	—
XII.	Détails des colonnes cantonnées de la porte avec leur archivolte; consoles supportant l'arc-doubleau de l'abside, profils divers..............................	—
	CHAPELLE DE BEAUCAIRE (GARD)	
XIII.	Vue extérieure de la chapelle, plan..	18 & 19
XIV.	Ensemble, détails et profils de la porte; corniche des rampants, amortissement de la base du clocher..	—
	ÉGLISE SAINT-JACQUES DE BÉZIERS (HÉRAULT)	
XV.	Détail du plan de l'abside; ensemble, profil et détails d'un des contre-forts de cette abside.	20 & 21
	ÉGLISE DE SAINT-JEAN DE MOUSTIER D'ARLES (BOUCHES-DU-RHONE)	
XVI.	Plan de l'abside (restauration); coupes longitudinale et transversale (restauration); élévation postérieure, profils de la corniche extérieure et de l'encadrement de la clef du cul de four.	21 & 22
XVII.	Chapiteau du pilastre extérieur de l'abside. Clef de voûte de l'abside, grand détail.....	—
	ÉGLISE DE SIX-FOURS (VAR)	
XVIII.	Plan de l'abside et des transepts; coupes longitudinale et transversale de cette partie de l'église..	22 & 23
	SAINT-QUENIN DE VAISON (VAUCLUSE)	
XIX.	Plan général, détail du plan de l'abside; coupe transversale de l'abside.............	23 à 27
XX.	Coupe transversale, chapiteaux; clef de voûte et profils de l'abside................	—
	ÉGLISE DE SAINT-PIERRE DE REDDES, PRÈS BÉDARIEUX (HÉRAULT)	
XXI.	Plan et coupe longitudinale...	27 & 28
XXII.	Vue pittoresque de la face latérale; porte de la façade latérale..................	—
	ANCIENNE ÉGLISE DE SAINT-SATURNIN D'APT (VAUCLUSE)	
XXIII.	Crypte : coupe longitudinale, coupes transversales sur deux axes..................	28 à 30

TABLE DES PLANCHES ET DU TEXTE.

PLANCHES. **TEXTE.**

ÉGLISE DES SAINTES-MARIES (BOUCHES-DU-RHÔNE)

- XXIV. Détail du plan intérieur; détail du plan de la chapelle haute; coupe longitudinale sur l'abside et la chapelle haute; élévation latérale de la même partie. Arcs extérieurs de l'abside; lions en marbre de l'ancienne église... 30 à 33
- XXV. Plan et élévation de la fenêtre de l'abside; chapiteaux et colonnes cantonnés de cette fenêtre... —
- XXVI. Chapiteaux divers de l'abside... —
- XXVII. Autre chapiteau de l'abside. Profils divers des chapiteaux de l'abside................. —

ÉGLISE DE SAINT-RUF, PRÈS AVIGNON (VAUCLUSE)

- XXVIII. Plan des trois absides de l'église; vue extérieure de l'abside........................... 34 & 35
- XXIX. Coupe sur les transepts... —
- XXX. Détails extérieurs des fenêtres de l'abside... —
- XXXI. Chapiteaux. Naissances à droite et à gauche de l'arc triomphal...................... —
- XXXII. Profils de cette église... —

ÉGLISE DE SAINT-MARTIN DE LONDRES (HÉRAULT)

- XXXIII. Plan général; plan de la coupole; chapiteaux et détails divers........................ 35 & 36
- XXXIV. Façade postérieure... —
- XXXV. Façade latérale, dégagée du porche annexé à la construction primitive.............. —
- XXXVI. Coupe longitudinale.. —
- XXXVII. Coupe transversale... —

SAINT-GUILHEM DU DÉSERT (HÉRAULT)

- XXXVIII. Plan de l'église... 37 & 38
- XXXIX. Coupes transversales sur les absides et les bas côtés................................... —
- XL. Élévation des trois absides.. —
- XLI. Chapiteaux des colonnes cantonnées de la fenêtre centrale de la grande abside..... —
- XLII. Élévation du porche; détail de son archivolte, profils divers........................... —
- XLIII. Coupe longitudinale; détail du plan et chapiteaux du porche......................... —

ÉGLISE SAINT-PIERRE DE MAGUELONE (1) (HÉRAULT)

- XLIV. Plan de l'église.. 39 à 41
- XLV. Coupe transversale sur la chapelle Saint-Pancrace...................................... —
- XLVI. Porte de l'église, ensemble et profils... —
- XLVII. Grand détail du linteau de la porte; ensemble d'une fenêtre à l'intérieur; chapiteaux divers. —

ÉGLISE DE RIEUX-MÉRINVILLE (AUDE)

- XLVIII. Plan et coupe de l'église.. 42 & 43
- XLIX. Porte principale, plan, élévation et coupe, détails d'une colonne isolée, profils...... —
- L. Porte latérale, élévation et coupe.. —
- LI. Deux chapiteaux de l'intérieur; encadrement d'une porte à l'extérieur................ —

ÉGLISE DE NOTRE-DAME DES DOMS, AVIGNON (VAUCLUSE)

- LII. Plan et coupe transversale de la coupole... 43 à 48
- LIII. Élévation et détails de la coupole; crête de la couverture de la nef.................. —
- LIV. Plan, élévation, profils et détails du porche... —
- LV. Détails intérieurs et extérieurs du porche... —
- LVI. Coupe transversale du porche; chapiteaux des consoles cantonnées supportant les arcs-doubleaux de la nef... —

ÉGLISE DU THOR (VAUCLUSE)

- LVII. Élévation principale et coupe transversale de l'église.................................... 49 & 50
- LVIII. Élévation latérale au midi... —
- LIX. Coupe longitudinale.. —
- LX. Plan général. Détail du plan de l'abside et du clocher................................... —
- LXI. Grand détail de la coupe longitudinale de l'abside...................................... —
- LXII. Détails et profils extérieurs de l'abside... —
- LXIII. Détails des arcatures intérieures de l'abside et de sa corniche........................ —
- LXIV. Plan et coupe longitudinale du porche latéral; profils et détails de ce porche...... —
- LXV. Détails extérieurs du porche latéral... —
- LXVI. Porte principale avec ses détails et profils... —

(1) ERRATUM. C'est par erreur que *Maguelone* est écrit par deux N sur les planches gravées et dans le texte.

PARIS. — J. CLAYE, IMPRIMEUR, 7, RUE SAINT-BENOIT. — [566]

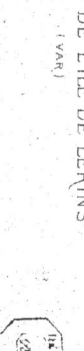

ARCHITECTURE ROMANE

CHAPELLE DE ST VEREDEME
(GARD)

COUPE LONGITUDINALE. — PLAN. — ELEVATION.

CHAPELLE DE MOLLEGES
(BOUCHES-DU-RHÔNE)

ELEVATION. — COUPE LONGITUDINALE. — COUPE TRANSVERSALE.

PROFILS DE LA CHAPELLE ST VEREDEME (AU XIe) — PLAN — PROFILS DE LA CHAPELLE DE MOLLÈGES (AU XIe)

Echelle des Plans et Elevations

H. REVOIL DEL.   CL. SAUVAGEOT SC.

CHAPELLES

A. MOREL, éditeur.   Imp. Lemercier et Cie, Paris

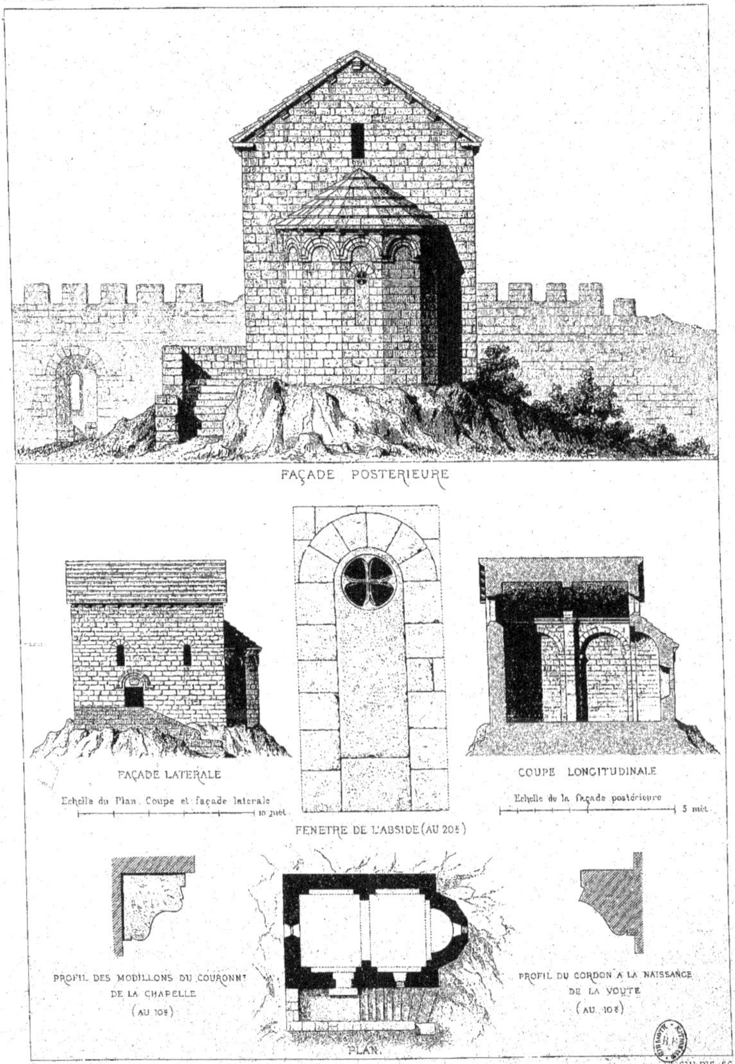

H. REVOIL DEL. J. SULPIS SC.

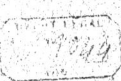

CHAPELLE DU CHATEAU DE VILLENEUVE-LES-AVIGNON

(GARD)

A. MOREL éditeur Imp. Lemercier et Cie Paris

ARCHITECTURE ROMANE

COUPE LONGITUDINALE SUR AB

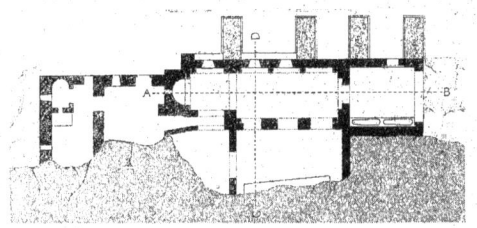

PLAN DE L'ORATOIRE

Echelle du Plan

COUPE TRANSVERSALE SUR CD
Echelle des Élévations

ORATOIRE DE S.T TROPHIME
ABBAYE DE MONTMAJOUR PRES ARLES
(BOUCHES DU RHONE)

ARCHITECTURE ROMANE

VUE INTERIEURE DE L'ORATOIRE

CHAPITEAUX AU 5ᵉ D'EXECUTION

H. REVOIL DEL.   BURY SC.

ORATOIRE DE Sᵗ TROPHIME PRES ARLES
(BOUCHES-DU-RHÔNE)

A. MOREL, éditeur   Imp. Lemercier et Cⁱᵉ Paris

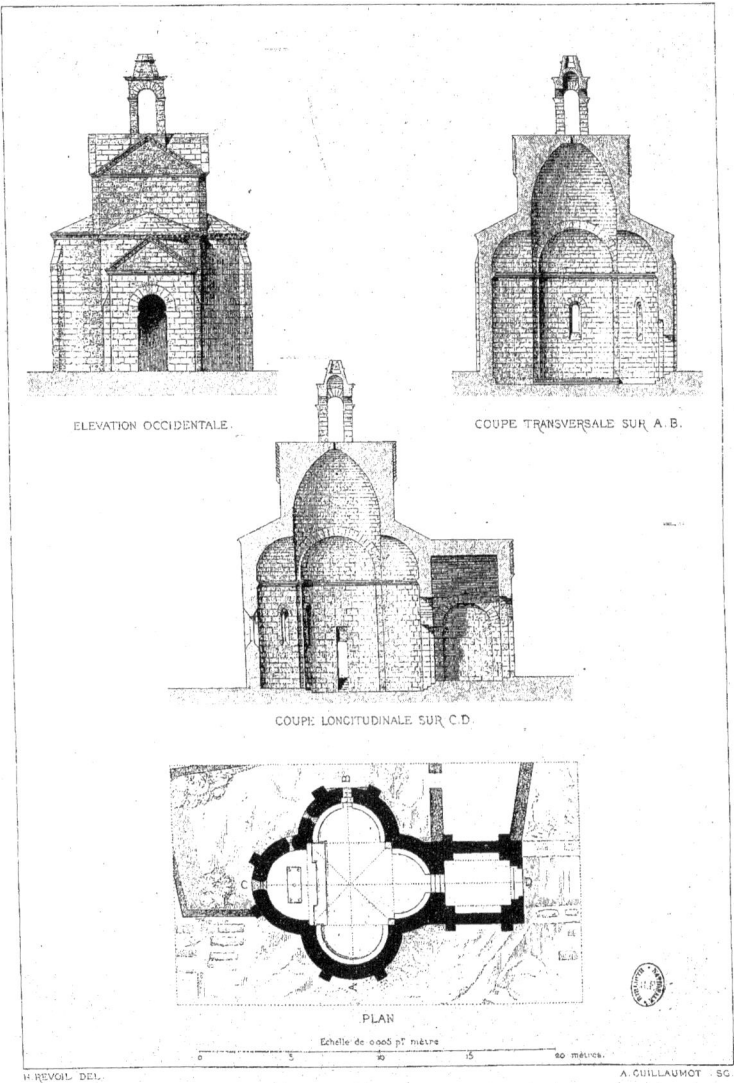

CHAPELLE DE Sᵗᵉ CROIX DE MONTMAJOUR
PRÈS D'ARLES

ARCHITECTURE ROMANE

DETAILS DIVERS DE LA CHAPELLE

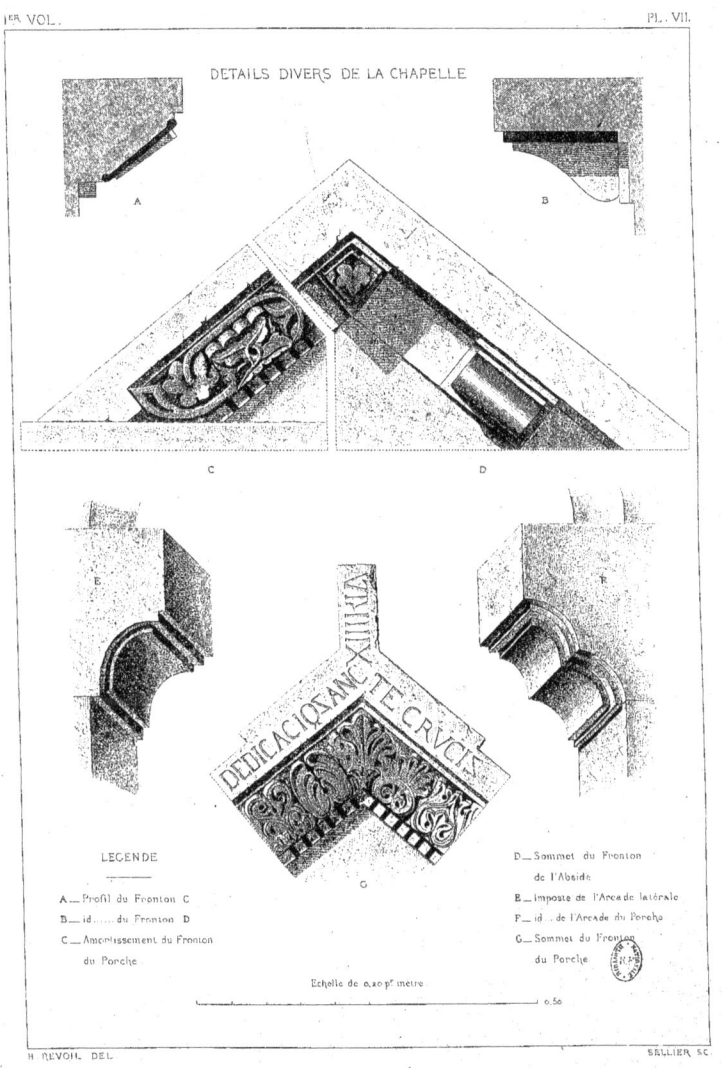

LÉGENDE

A — Profil du Fronton C
B — id. du Fronton D
C — Amortissement du Fronton du Porche
D — Sommet du Fronton de l'Abside
E — Imposte de l'Arcade latérale
F — id. de l'Arcade du Porche
G — Sommet du Fronton du Porche

Echelle de 0,10 p^r mètre

CHAPELLE DE S^{TE} CROIX DE MONTMAJOUR
PRÈS D'ARLES

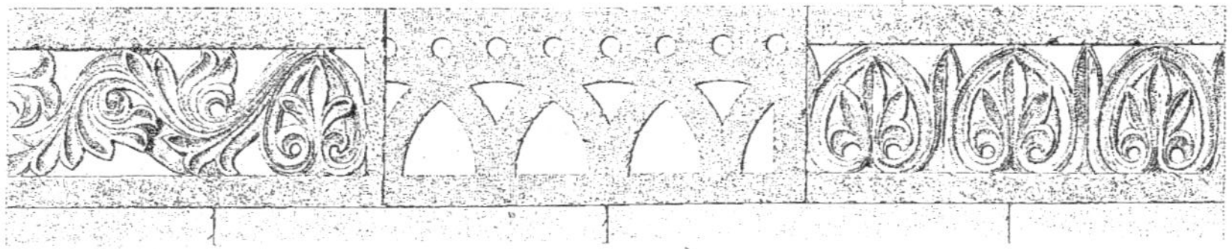

ARCHITECTURE ROMANE

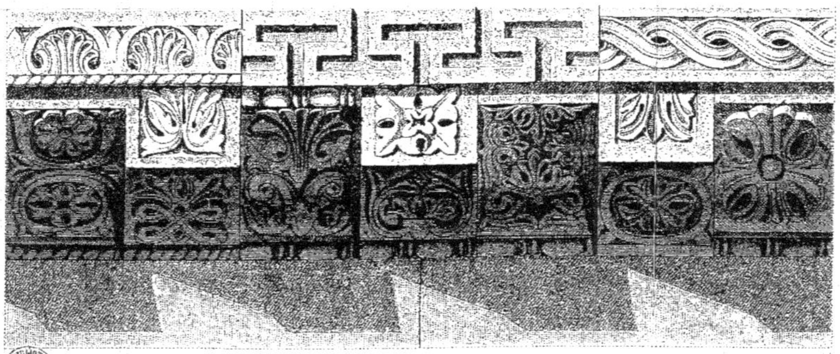

DIVERS MOTIFS D'ORNEMENTS DE LA CORNICHE DES ABSIDES

DIVERS MOTIFS DE CRÊTES ORNÉES

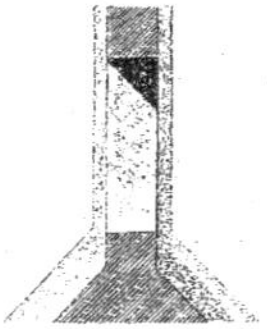

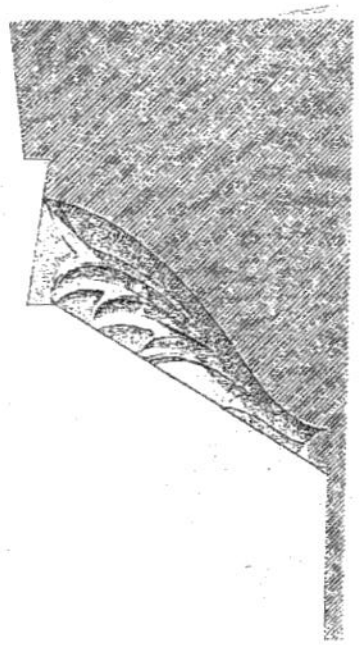

PROFIL

PROFIL

CHAPELLE STE CROIX DE MONTMAJOUR
PRÈS ARLES

ARCHITECTURE ROMANE

COUPE LONGITUDINALE

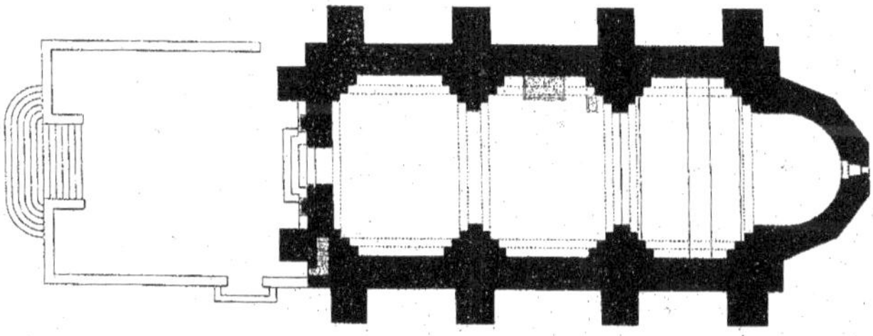

PLAN

Echelle de 0,005 pour mètre.

H. REVOIL DEL.   PEROT SC.

CHAPELLE DE ST GABRIEL, PRÈS TARASCON
(BOUCHES DU RHÔNE)

A. MOREL, Edit.   Imp. Lemercier, Paris.

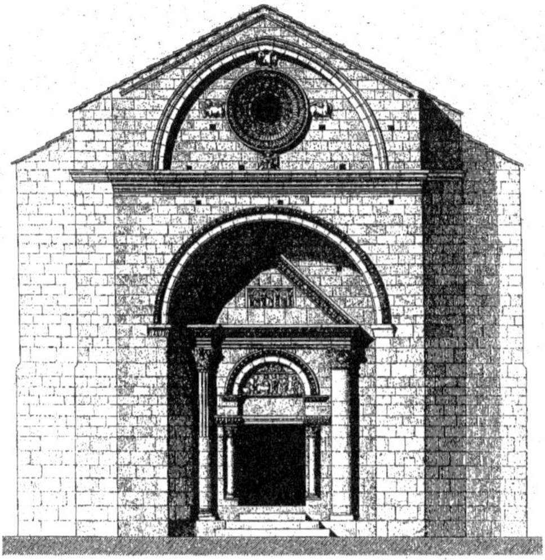

ARCHITECTURE ROMANE.

FAÇADE PRINCIPALE.

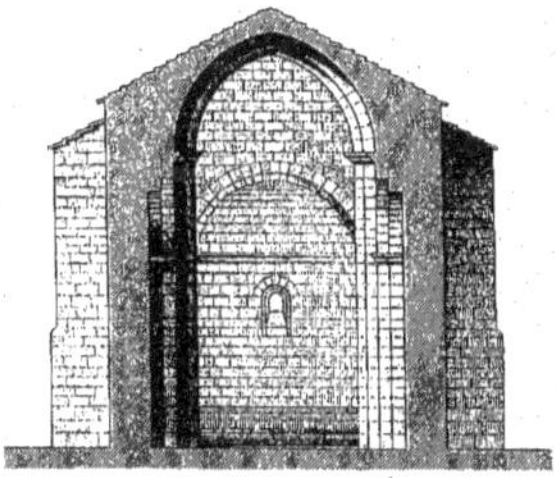

COUPE TRANSVERSALE. FAÇADE POSTÉRIEURE.

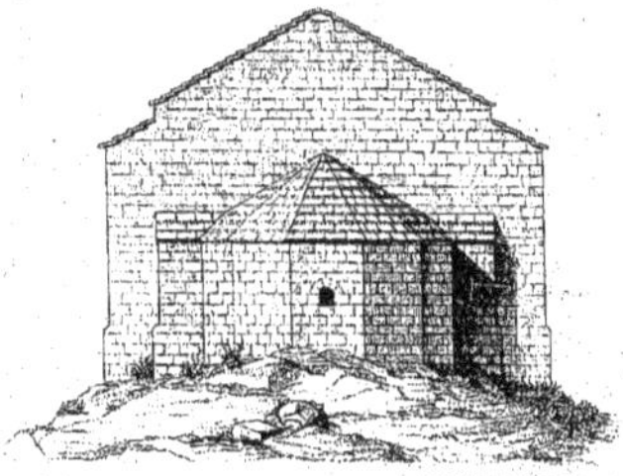

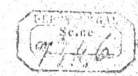

CHAPELLE DE St GABRIEL, PRÈS TARASCON.
(BOUCHES DU RHÔNE.)

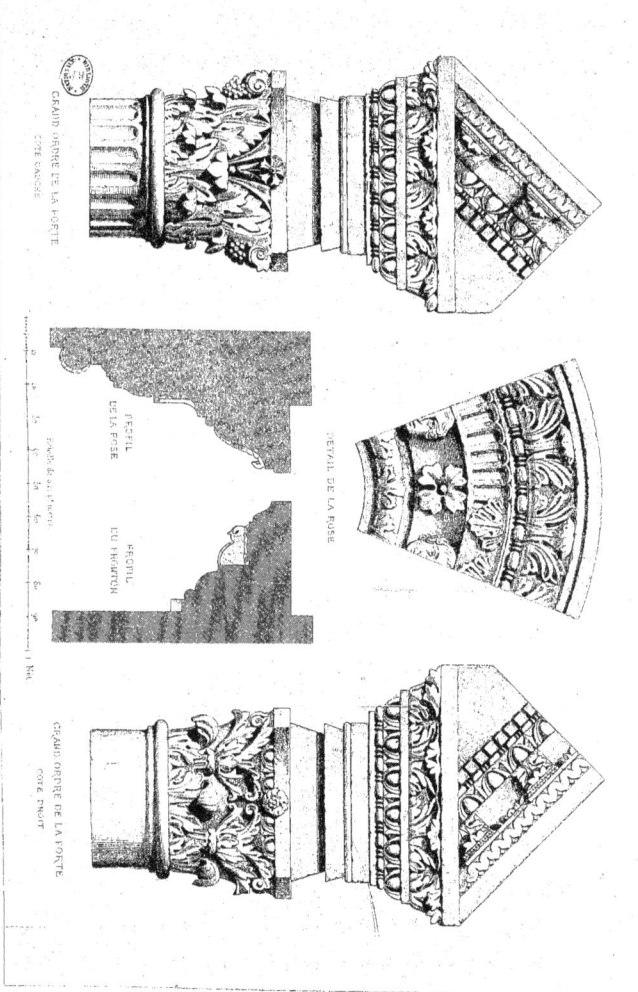

ARCHITECTURE ROMANE

ARCHITECTURE ROMANE

1ER VOL.   PL. XIII

VUE EXTERIEURE DE LA CHAPELLE

PLAN DE LA CHAPELLE a l'Echelle de 0,005 p. mét.

H. REVOIL DEL.   A. CHAPPUIS SC.

CHAPELLE DE BEAUCAIRE
(GARD)

A. MOREL _éditeur_   Imp. Lemercier et Cie _Paris_

CHAPELLE DE BEAUCAIRE (GARD)

ARCHITECTURE ROMANE

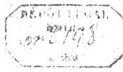

PROFIL DE LA CORNICHE

DETAIL DU CHAPITEAU D'UN CONTREFORT

PLAN DE L'ABSIDE

VUE D'UN CONTREFORT EXTÉRIEUR DE L'ABSIDE

Echelle du Plan

ÉGLISE ST JACQUES DE BÉZIERS
(HÉRAULT)

H. REVOIL DEL.   FÉLIX PENEL SC.

A. MOREL, Éditeur   Imp. Lemercier et Cie Paris

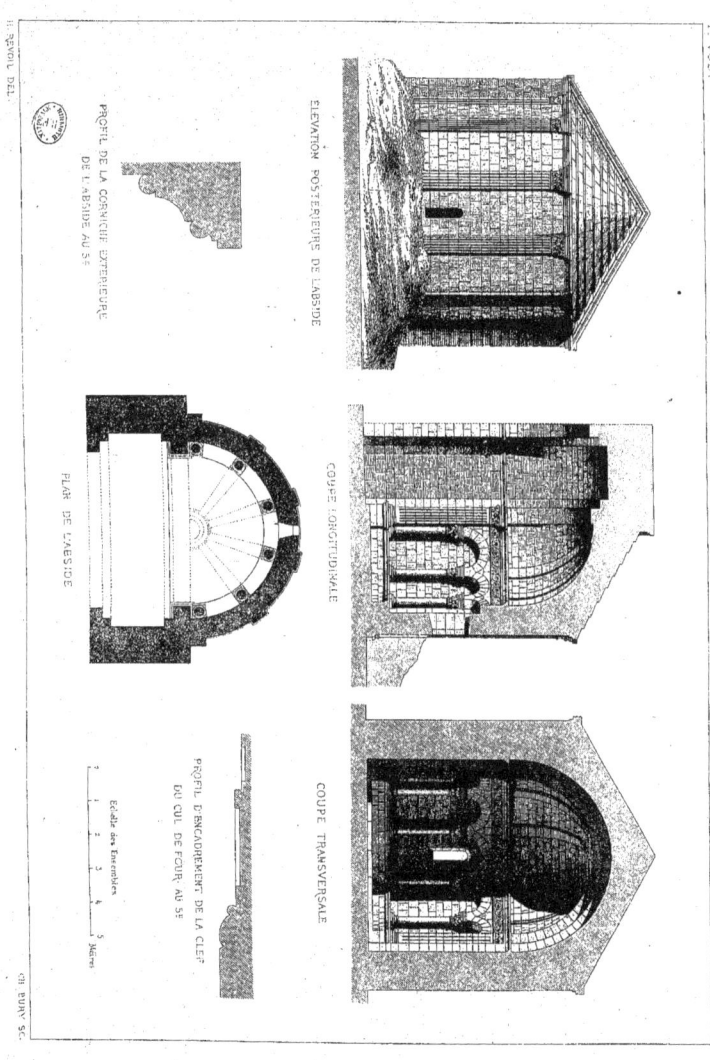

ARCHITECTURE ROMANE

PL. XVII.

CHAPITEAU DES PILASTRES EXTERIEURS DE L'ABSIDE
AU 6ᵉ

CLEF DE VOUTE DU CUL DE FOUR
AU 10ᵉ

ÉGLISE DE Sᵗ JEAN DE MOUSTIER D'ARLES
BOUCHES-DU-RHÔNE

ARCHITECTURE ROMANE

PL. XVIII

COUPE TRANSVERSALE

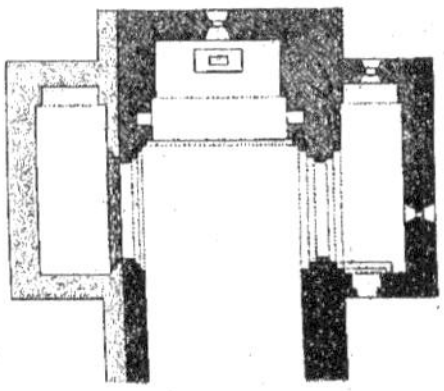

PLAN DE L'ABSIDE

COUPE LONGITUDINALE

Echelle du Plan — 16 met. Echelle des Elevations — 8 met.

H. REVOIL DEL. J. PENEL SC.

EGLISE DE SIX-FOURS
VAR

A. MOREL, Editeur Imp. Lemercier et Cie Paris

ARCHITECTURE ROMANE

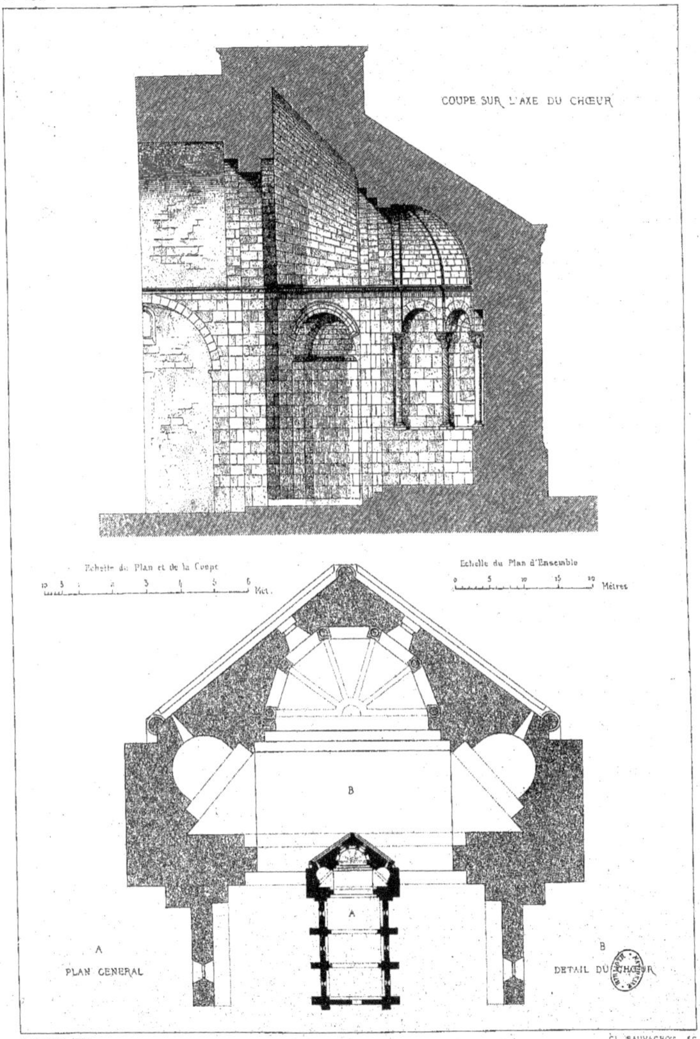
COUPE SUR L'AXE DU CHŒUR
Echelle du Plan et de la Coupe
Met.
Echelle du Plan d'Ensemble
Mètres
B
A
A
PLAN GENERAL
B
DETAIL DU CHŒUR

H. REVOIL DEL. CL. SAUVAGEOT SC.

ST QUENIN DE VAISON

(VAUCLUSE)

A. MOREL - Editeur. Imp. Lemercier, Paris.

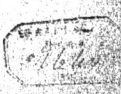

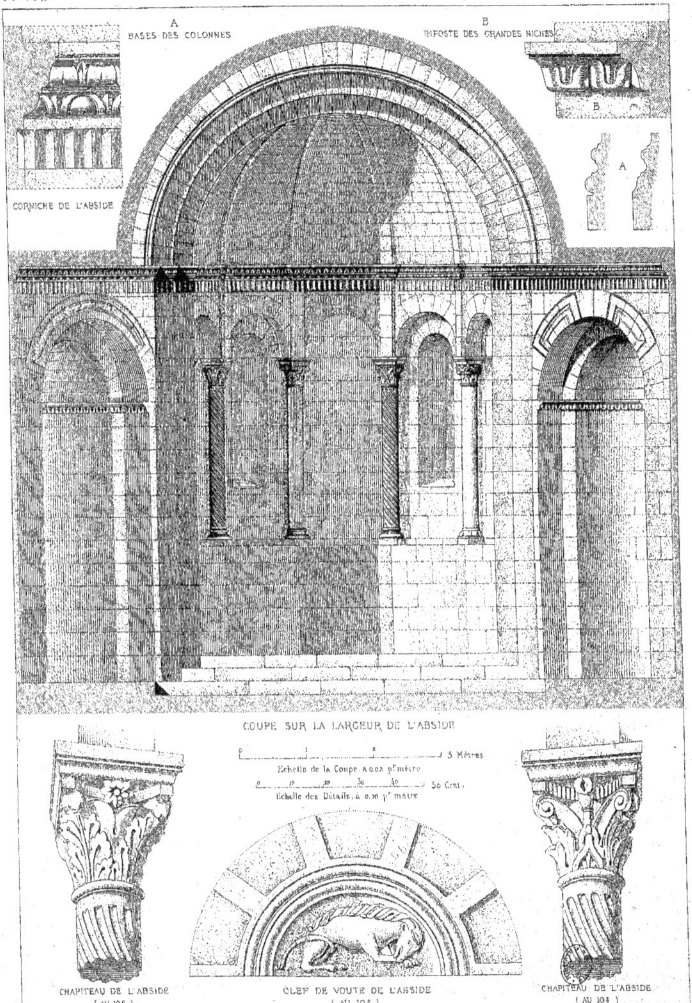

ARCHITECTURE ROMANE

S^T QUENIN DE VAISON
(VAUCLUSE)

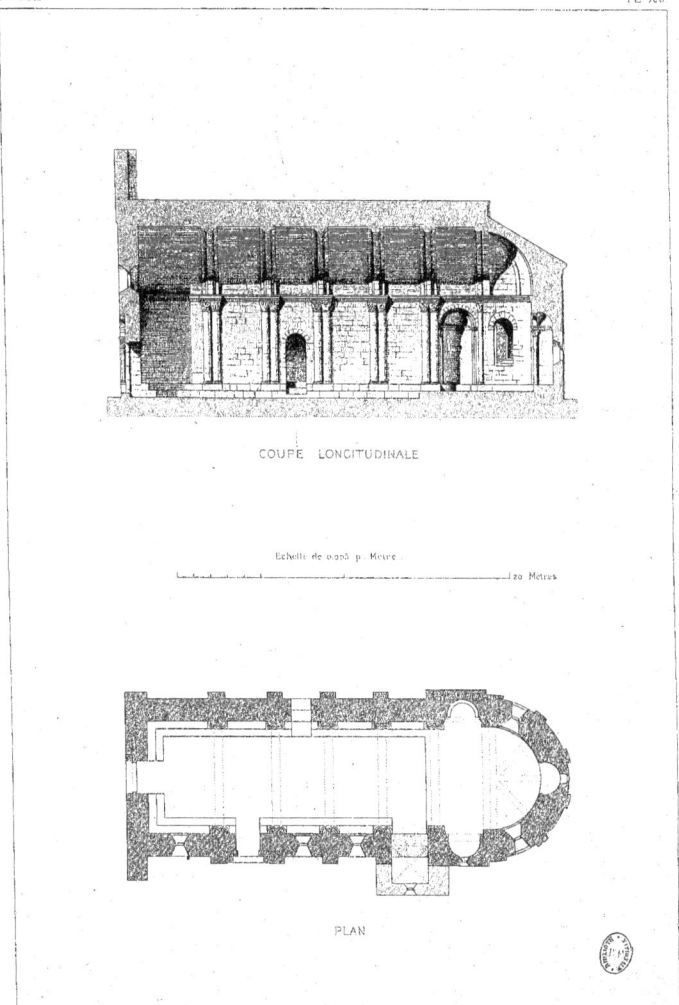

ÉGLISE DE ST PIERRE DE REDDES
PRÈS BÉDARIEUX (HÉRAULT)

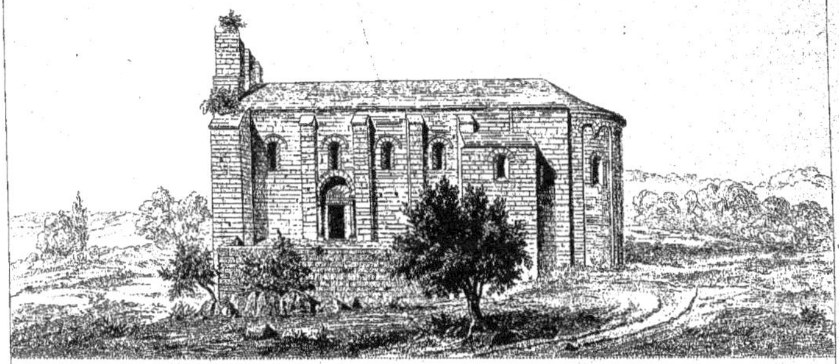

ARCHITECTURE ROMANE.

VUE LATERALE DE L'EGLISE

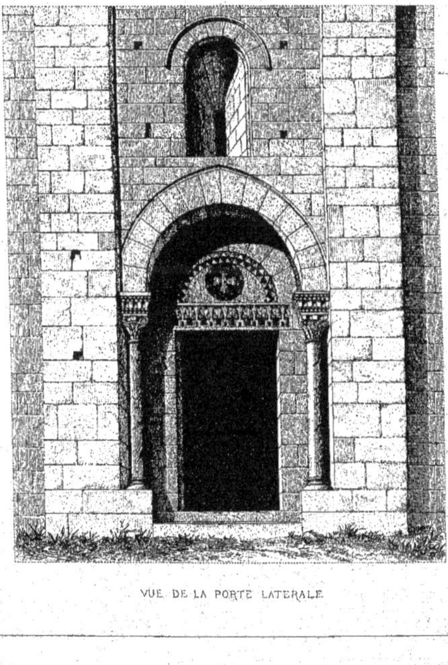

VUE DE LA PORTE LATERALE

ECLISE DE St PIERRE DE REDDES
PRES BEDARIEUX (HERAULT)

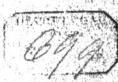

ARCHITECTURE ROMANE

COUPE SUR A.B.

COUPE SUR C.D.

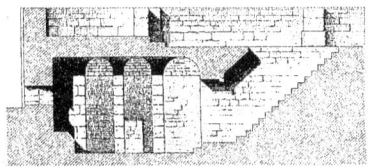
COUPE LONGITUDINALE

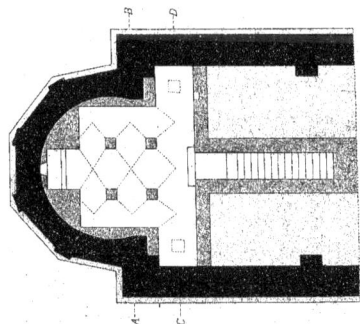
PLAN DE LA CRYPTE ET DU CHŒUR

EGLISE DE ST SATURNIN D'APT
(VAUCLUSE)

ARCHITECTURE ROMANE

ÉGLISE DES SAINTES-MARIES
(BOUCHES-DU-RHÔNE)

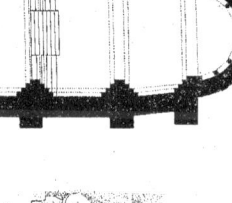

ÉLÉVATION LATÉRALE

DÉTAILS DES ARCS EXTÉRIEURS DE L'ABSIDE

PLAN DE LA CHAPELLE HAUTE

PLAN DE L'ABSIDE

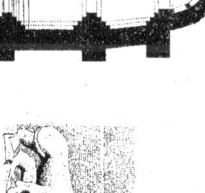

COUPE LONGITUDINALE

LIONS ENCASTRÉS DANS LA PORTE LATÉRALE

ARCHITECTURE ROMANE

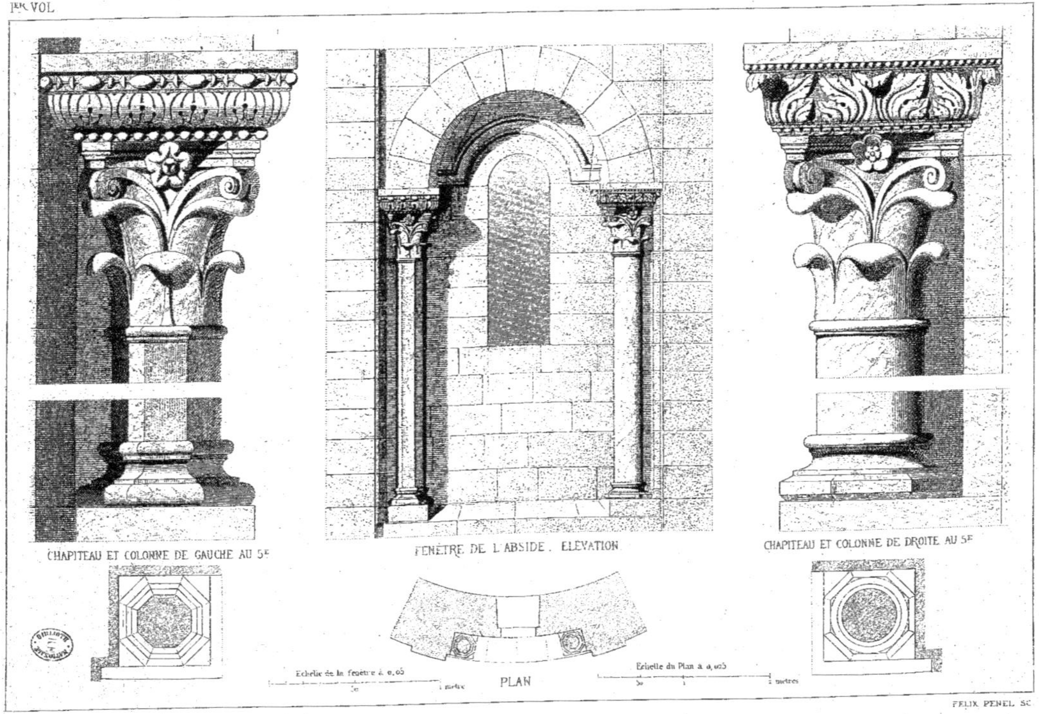

H. REVOIL DEL. FELIX PENEL SC.

ÉGLISE DES SAINTES MARIES

(BOUCHES DU RHÔNE)

A. MOREL, Éditeur. Imp. Lemercier, Paris.

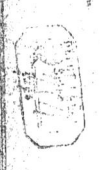

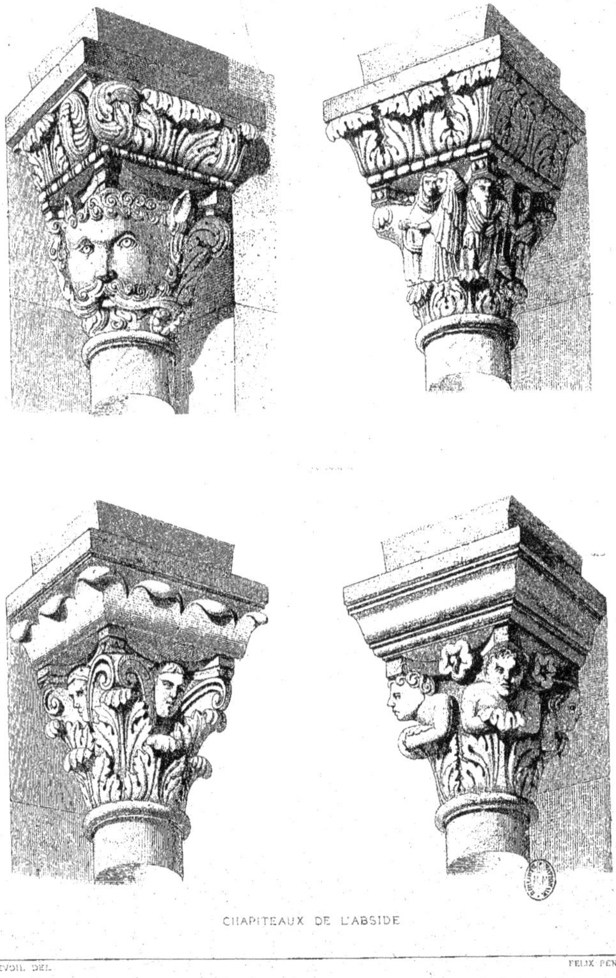

ARCHITECTURE ROMANE

CHAPITEAUX DE L'ABSIDE

ÉGLISE DES Stes MARIES
(BOUCHES-DU-RHÔNE)

ARCHITECTURE ROMANE

A — PROFIL DU TAILLOIR
DU CHAPITEAU CI-CONTRE

DÉTAIL D'UN CHAPITEAU DE L'ABSIDE
AU 5ᵐᵉ

Échelle des Profils

0.50 Cent.

TAILLOIRS DES CHAPITEAUX
DES ARCATURES DE L'ABSIDE

H. RÉVOIL DEL.

A. MOREL Éditeur

SELLIER SC.

Imp. Lemercier et Cⁱᵉ Paris

ÉGLISE DES Sᵗᵉˢ MARIES
BOUCHES-DU-RHÔNE

1ᵉʳ VOL.

PL. XXVII

ARCHITECTURE ROMANE

VUE EXTERIEURE DE L'ABSIDE

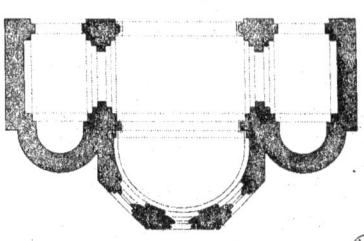

PLAN DE L'ABSIDE

Echelle du Plan

EGLISE DE ST RUF PRES AVIGNON
(VAUCLUSE)

ÉGLISE DE ST RUF, PRÈS AVIGNON
(VAUCLUSE)

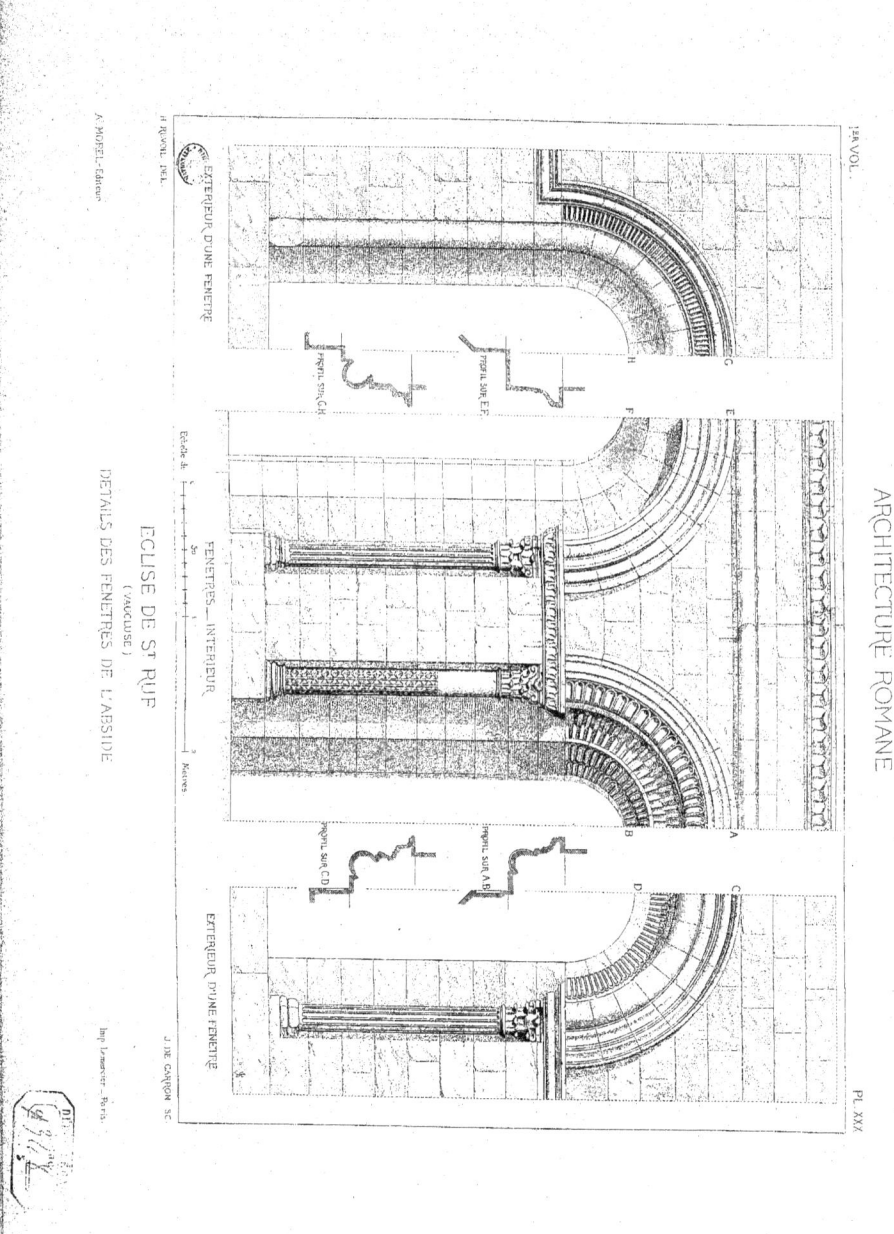

ÉGLISE DE ST RUF
(VAUCLUSE)
DÉTAILS DES FENÊTRES DE L'ABSIDE

ARCHITECTURE ROMANE

A. Chapiteau du pilier de la nef (côté droit)
B. Naissance de l'arc principal de l'abside (côté gauche)
C. Naissance de l'arc principal de l'abside (côté droit)

ÉGLISE DE ST RUF-PRÈS AVIGNON
(VAUCLUSE)

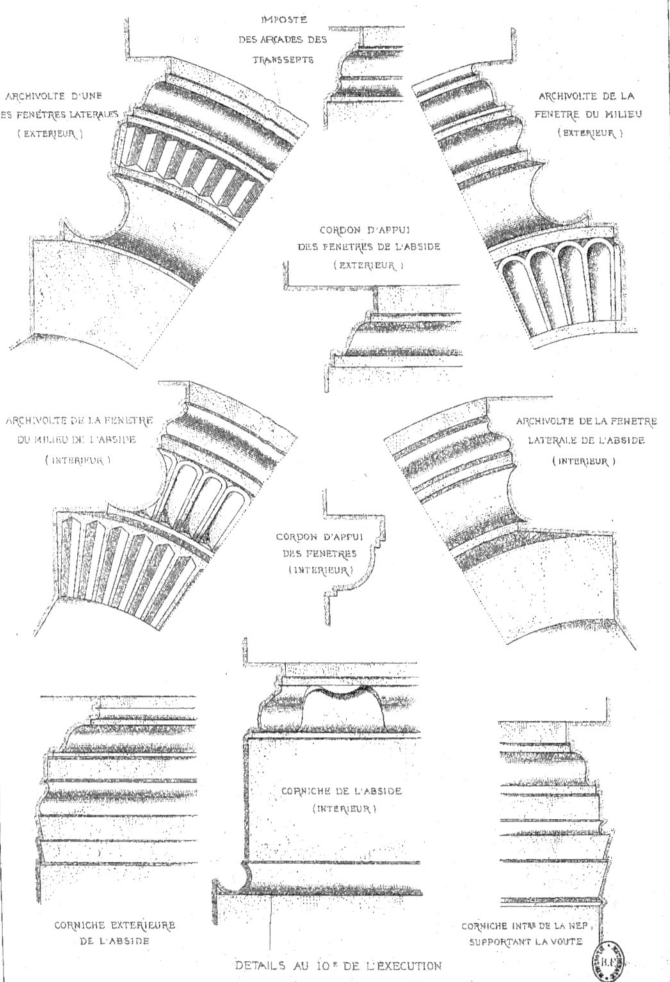

ARCHITECTURE ROMANE

EGLISE ST RUF — PRES D'AVIGNON
(VAUCLUSE)

DETAILS AU 10° DE L'EXECUTION

- IMPOSTE DES ARCADES DES TRANSSEPTS
- ARCHIVOLTE D'UNE DES FENÊTRES LATERALES (EXTERIEUR)
- ARCHIVOLTE DE LA FENETRE DU MILIEU (EXTERIEUR)
- CORDON D'APPUI DES FENETRES DE L'ABSIDE (EXTERIEUR)
- ARCHIVOLTE DE LA FENETRE DU MILIEU DE L'ABSIDE (INTERIEUR)
- ARCHIVOLTE DE LA FENETRE LATERALE DE L'ABSIDE (INTERIEUR)
- CORDON D'APPUI DES FENETRES (INTERIEUR)
- CORNICHE DE L'ABSIDE (INTERIEUR)
- CORNICHE EXTERIEURE DE L'ABSIDE
- CORNICHE INT™ DE LA NEF, SUPPORTANT LA VOUTE

ARCHITECTURE ROMANE

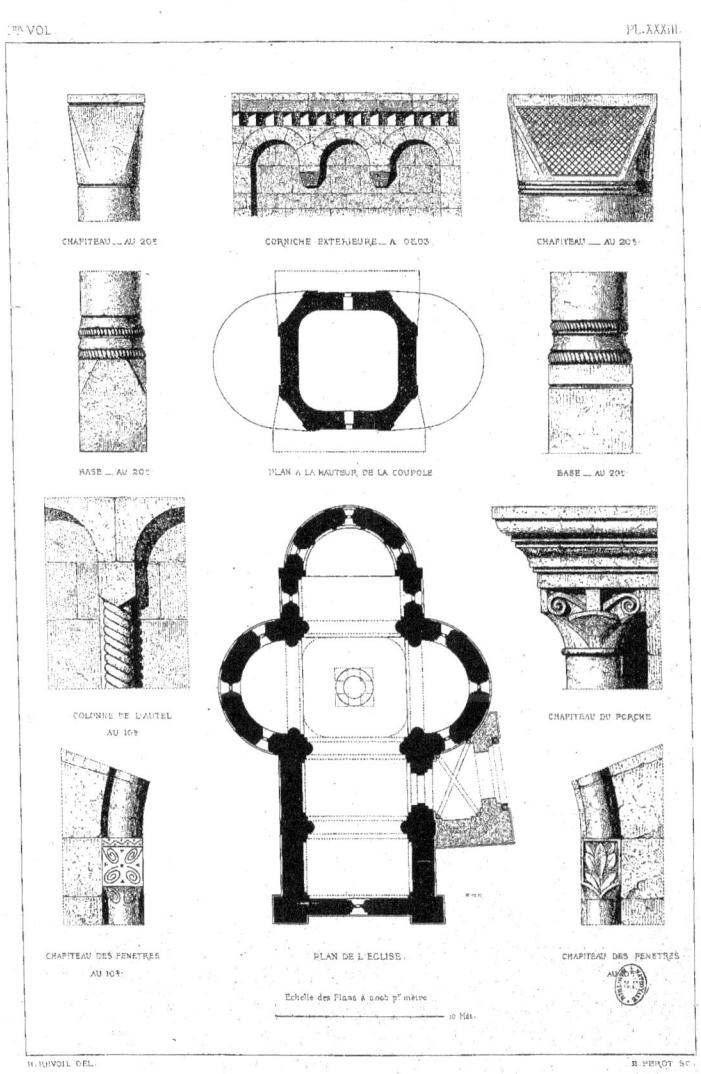

EGLISE DE S.T MARTIN DE LONDRES

FAÇADE POSTÉRIEURE

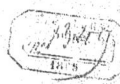

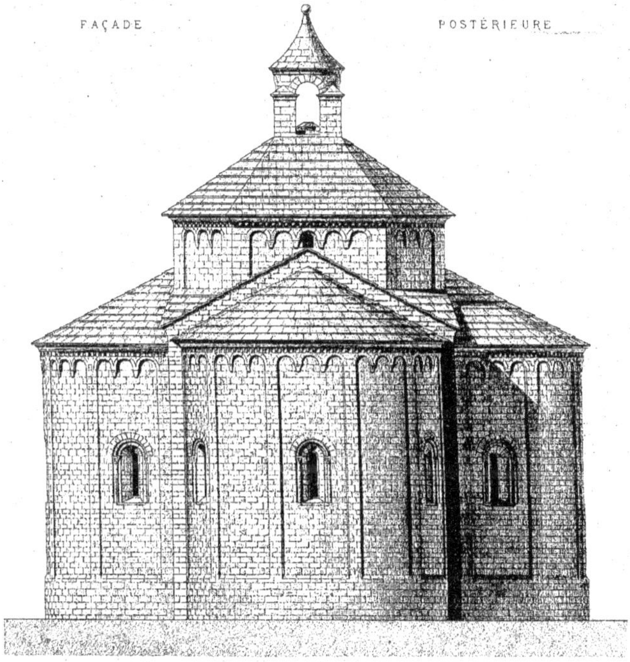

Echelle de 0.01 p^r mètre

1 2 3 4 5 6 7 8 9 10 Mèt

H. REVOIL DEL. — CHAPPUIS SC.

ÉGLISE DE S^T MARTIN DE LONDRES

(HÉRAULT)

A. MOREL Editeur

ÉLÉVATION LATÉRALE AU SUD

ÉGLISE DE ST MARTIN DE LONDRES
(HÉRAULT)

ÉGLISE DE ST MARTIN DE LONDRES

COUPE LONGITUDINALE

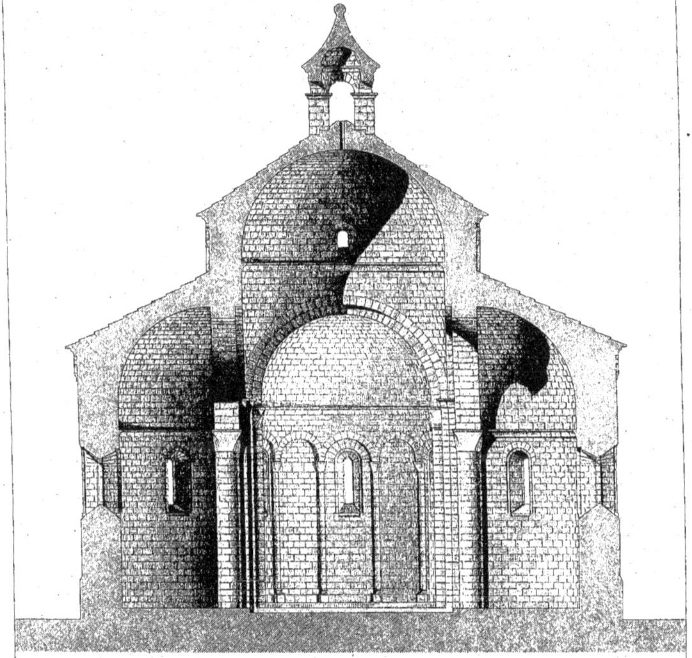

ARCHITECTURE ROMANE

COUPE TRANSVERSALE

ÉGLISE DE S.T MARTIN DE LONDRES
(HÉRAULT)

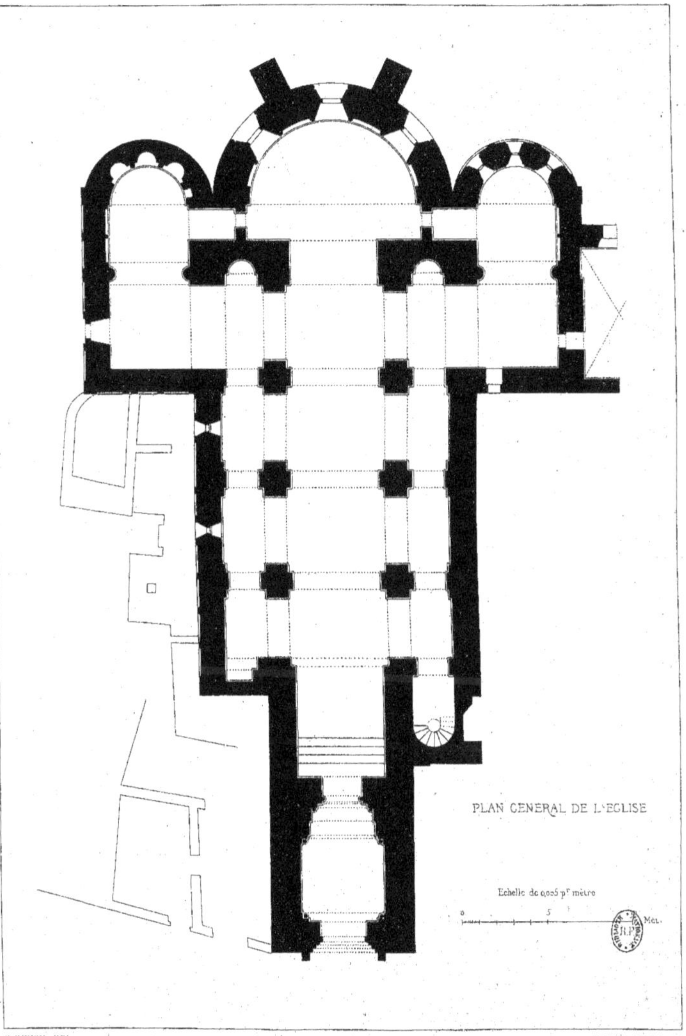

ARCHITECTURE ROMANE

PLAN GENERAL DE L'EGLISE

Echelle de 0,005 p.r mètre

ST GUILLEM DU DESERT
(HERAULT)

ARCHITECTURE ROMANE

COUPE TRANSVERSALE SUR LA NEF

COUPE TRANSVERSALE SUR LES CHAPELLES

Echelle de 0,005 p.^r Mètre

ECLISE DE S.^T CUILLEM DU DESERT
HERAULT

A. MOREL, Editeur.

Imp. Lemercier et Cie Paris

ARCHITECTURE ROMANE

ÉLÉVATION POSTÉRIEURE DE L'ÉGLISE

ÉGLISE DE ST GUILLEM DU DÉSERT
(HÉRAULT)

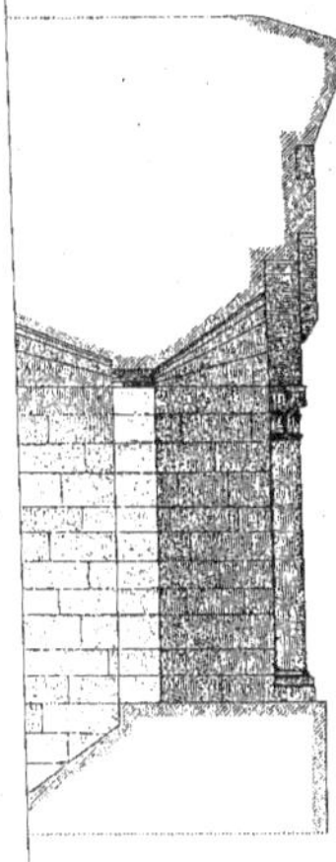

ARCHITECTURE ROMANE

COUPE DANS L'AXE D'UNE FENETRE
DE L'ABSIDE DE GAUCHE

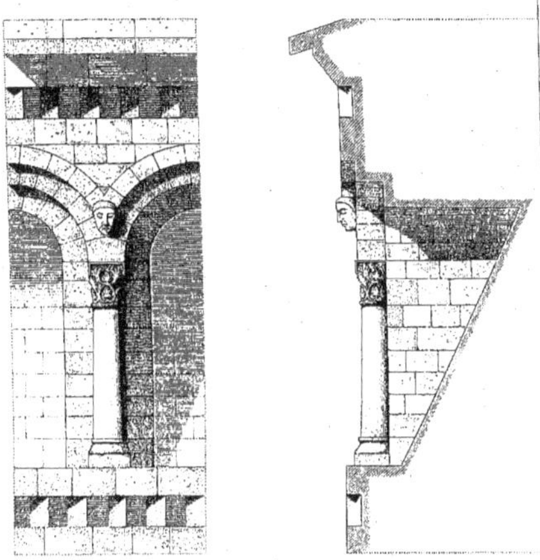

DETAILS DES ARCATURES DE COURONNEMENT
DE L'ABSIDE PRINCIPALE (FACE ET PROFIL)

CHAPITEAUX EXTERIEURS DES FENETRES DE L'ABSIDE PRINCIPALE AU 5ᵐᵉ

Echelle des Détails

H. REVOIL DEL. FELIX PENEL SC.

EGLISE DE ST GUILLEM DU DESERT
HERAULT

A. MOREL, Editeur   Imp. Lemercier et Cⁱᵉ Paris

ARCHITECTURE ROMANE

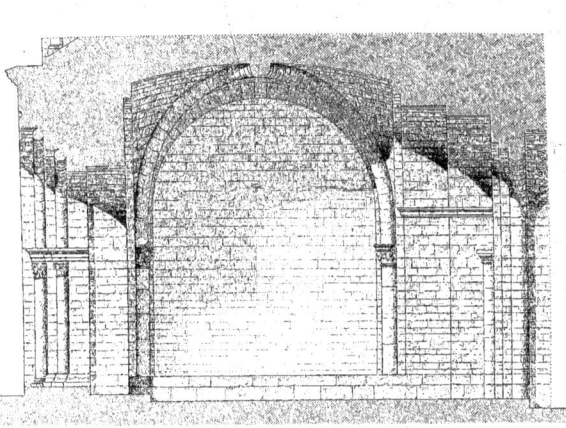

COUPE LONGITUDINALE DU PORCHE

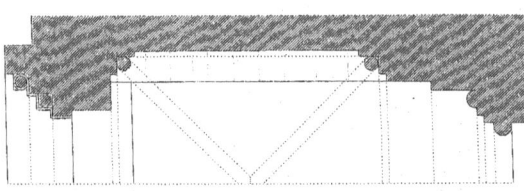

DETAIL DU PLAN

CHAPITEAUX DES COLONNES
CANTONNÉES SUPPORTANT
LES ARETIERS DU PORCHE
AU 10ᵉ

Echelle du Plan et Coupe.

EGLISE DE ST GUILLEM DU DESERT
(HERAULT)

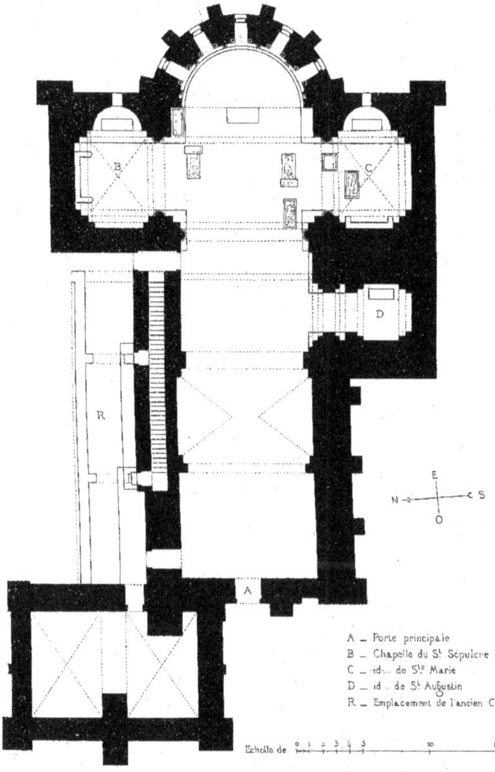

ARCHITECTURE ROMANE

1ᵉʳ VOL.   PL. XLIV.

A — Porte principale
B — Chapelle du St Sépulcre
C — id. de Ste Marie
D — id. de St Augustin
R — Emplacement de l'ancien Couvent

PLAN

H. REVOIL DEL.   CH. BURY SC.

EGLISE DE St PIERRE DE MAGUELONNE
(HÉRAULT)

A. MOREL, Éditeur   Imp. Lemercier — Paris

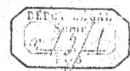

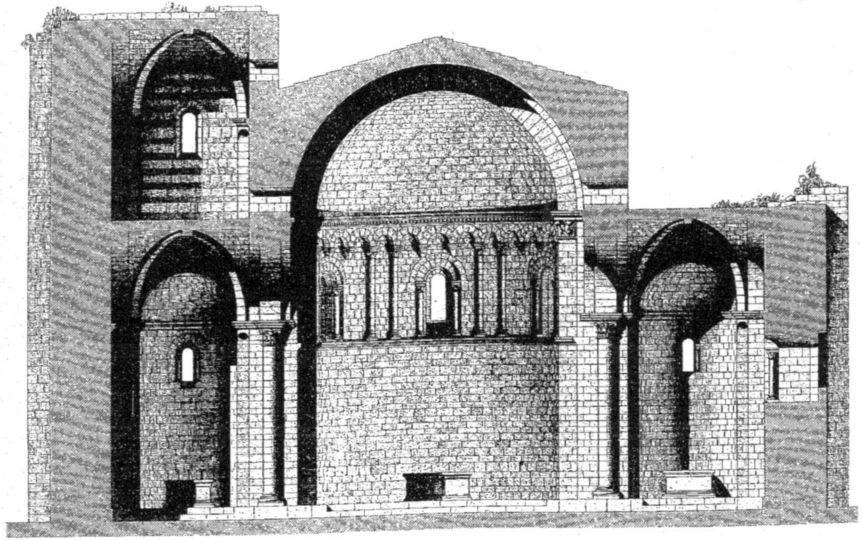

ARCHITECTURE ROMANE

COUPE TRANSVERSALE DANS L'AXE DES CHAPELLES

Échelle de 0m005 p/mètre

ÉGLISE DE St PIERRE DE MAGUELONNE
(HÉRAULT)

ARCHITECTURE ROMANE

1ER VOL. PL. XLVI.

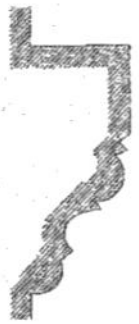

PROFIL DU COURONNT DES PILIERS DES CHAPELLES (AU 5E)

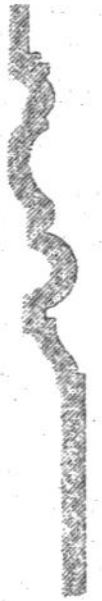

BASE DES COLONNES DE LA NEF. (AU 10E)

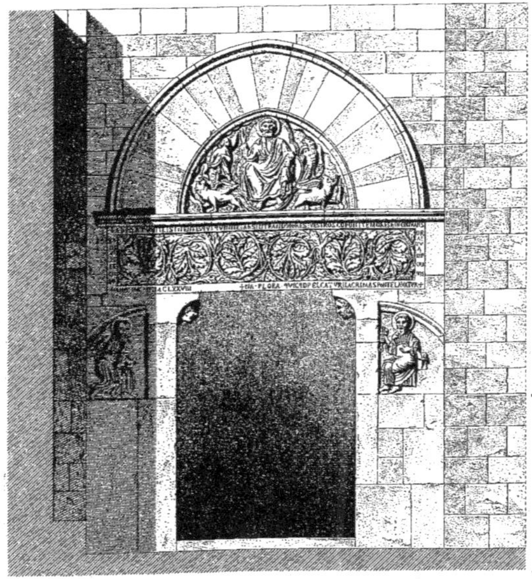

ELEVATION DE LA PORTE PRINCIPALE

Echelle de la Porte

3 Met.

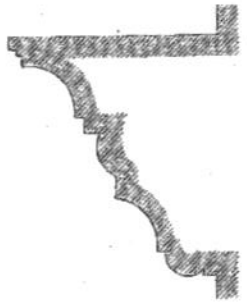

PROFIL DU COURONNT DES PILIERS DE LA NEF. (AU 5E)

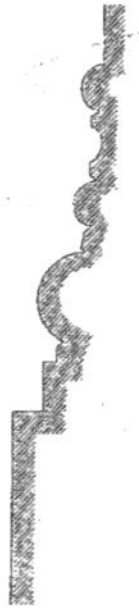

BASE DES COLONNES DE LA NEF. (AU 10E)

H. REVOIL DEL. CHAPPUIS SC.

ÉGLISE DE ST PIERRE DE MAGUELONNE

(HÉRAULT)

A. MOREL Éditeur Imp. Lemercier et Cie Paris

3251

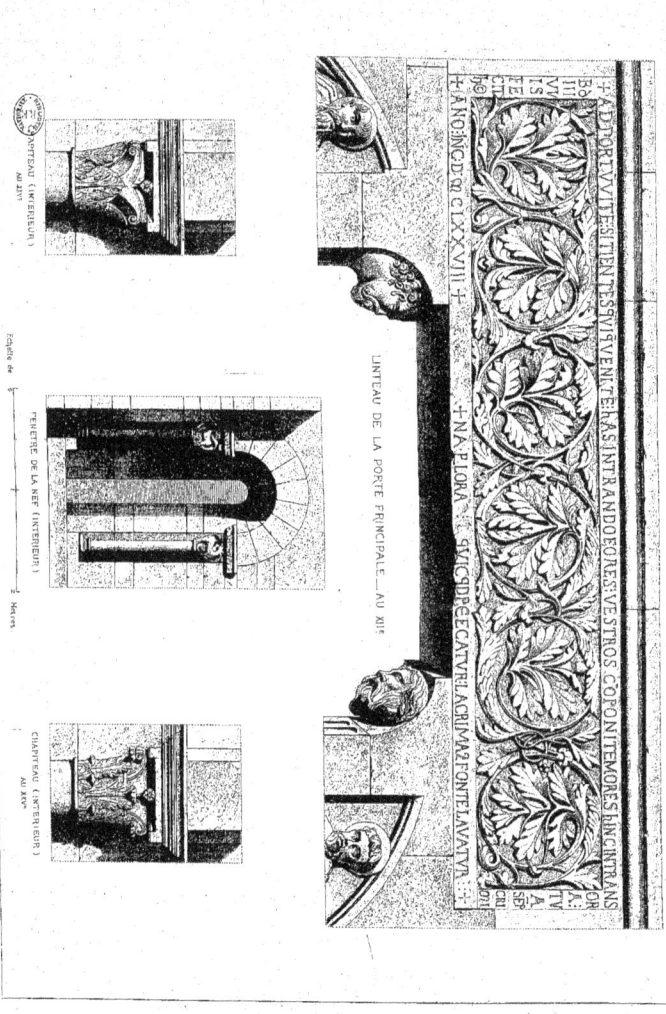

ÉGLISE DE St PIERRE DE MAGUELONNE
(HÉRAULT)

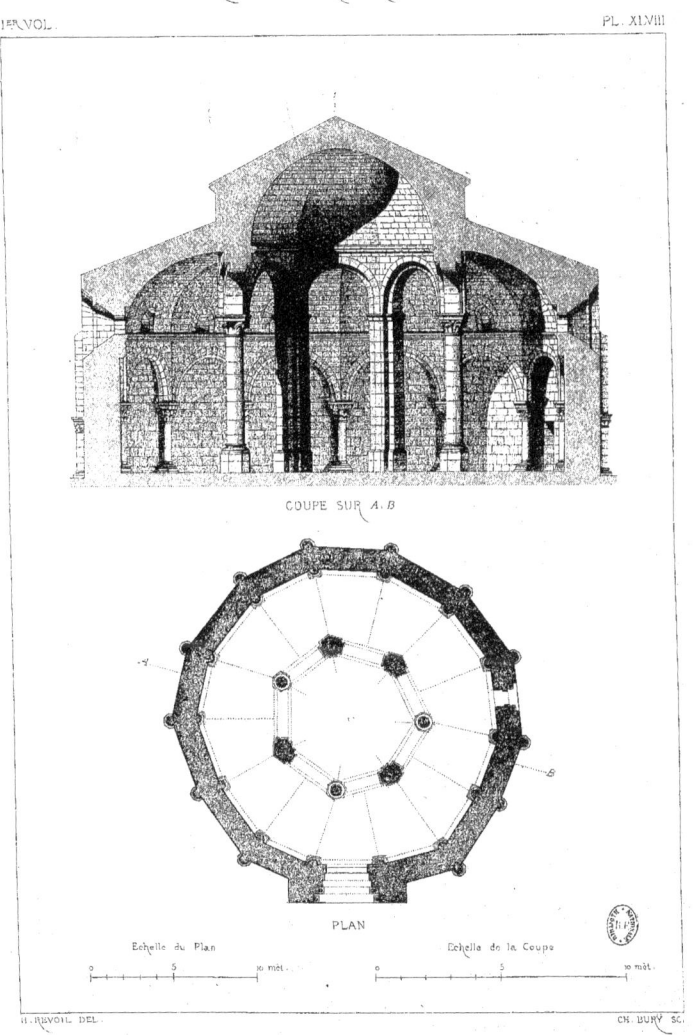

ÉGLISE DE RIEUX-MERINVILLE (AUDE)

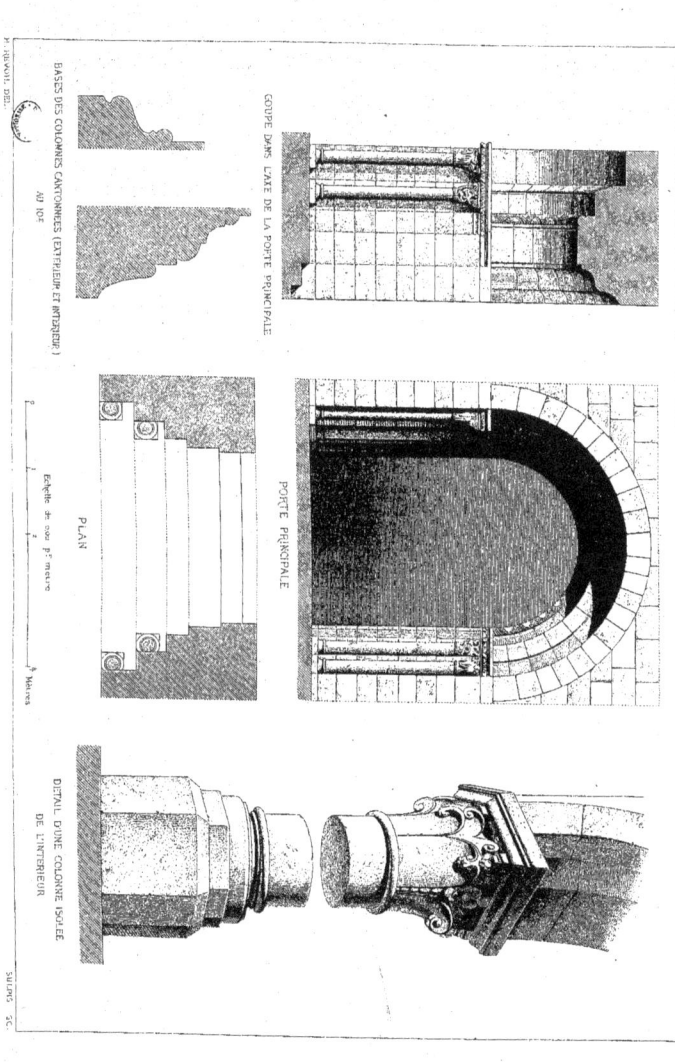

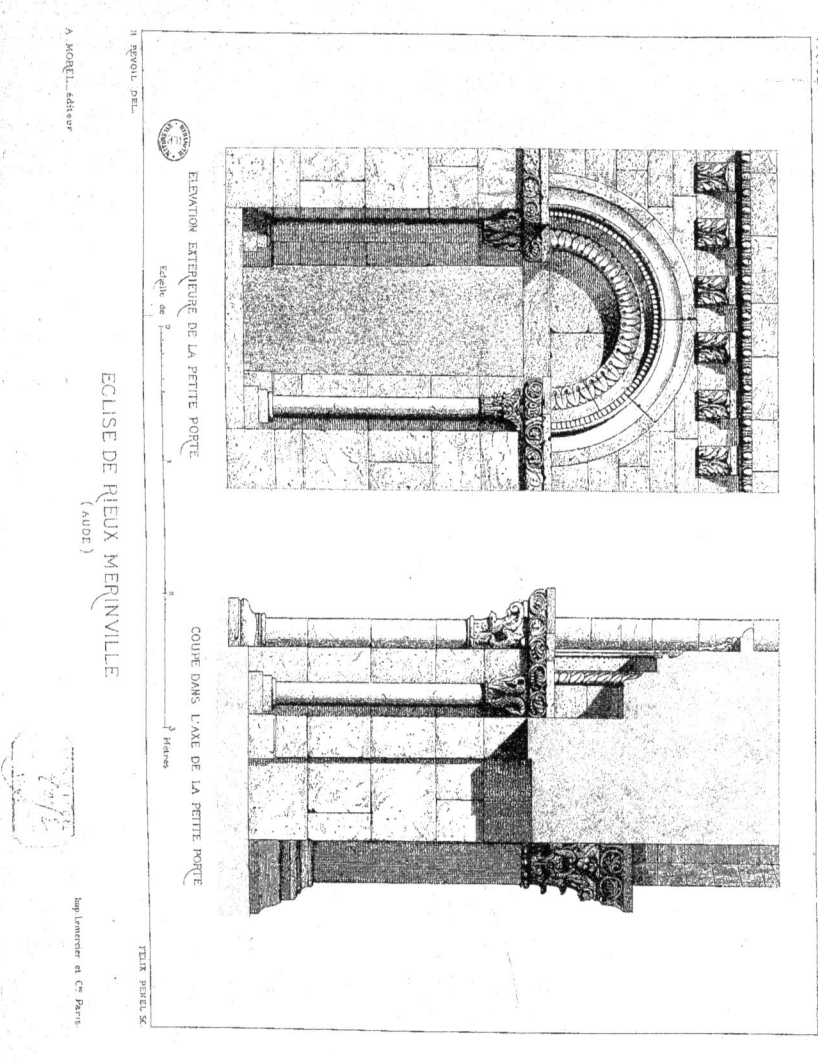

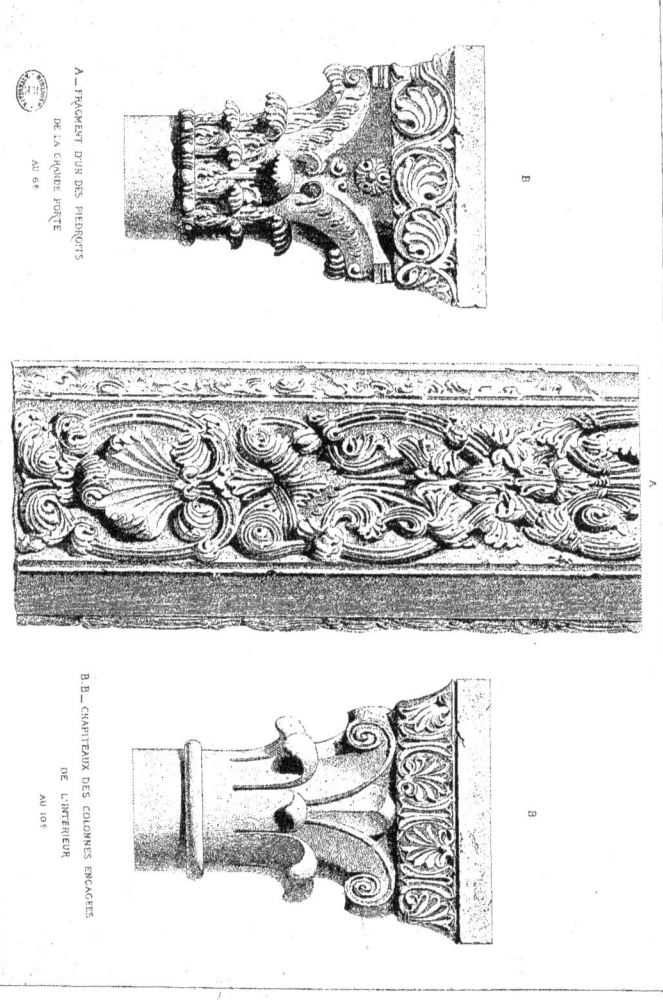

ARCHITECTURE ROMANE

A._ FRAGMENT D'UN DES PIEDROITS
DE LA GRANDE PORTE
AU 6ᵉ

B. B._ CHAPITEAUX DES COLONNES ENGAGÉES
DE L'INTÉRIEUR
AU 10ᵉ

EGLISE DE RIEUX MERINVILLE
(AUDE)

ARCHITECTURE ROMANE

1ER VOL.   PL. LII

COUPE TRANSVERSALE SUR LA COUPOLE

PLAN
A LA HAUTEUR DE LA COUPOLE

Echelle du Plan   8 mét.
Echelle de la Coupe   6 mét.

H. REVOIL DEL.   J. BENEL SC.

EGLISE NOTRE-DAME-DES-DOMS, A AVIGNON
VAUCLUSE

A. MOREL, Editeur.   Imp. Lemercier et Cie, Paris.

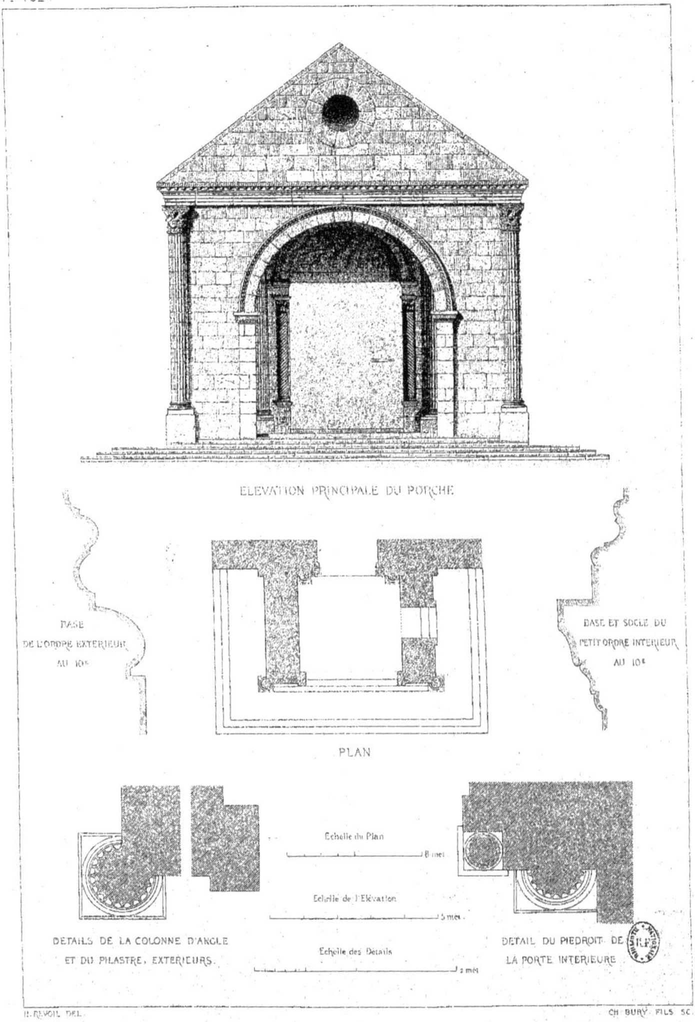

ARCHITECTURE ROMANE

ÉLÉVATION PRINCIPALE DU PORCHE

BASE DE L'ORDRE EXTÉRIEUR AU 10ᵉ

BASE ET SOCLE DU PETIT ORDRE INTÉRIEUR AU 10ᵉ

PLAN

DÉTAILS DE LA COLONNE D'ANGLE ET DU PILASTRE, EXTÉRIEURS.

Échelle du Plan
Échelle de l'Élévation
Échelle des Détails

DÉTAIL DU PIEDROIT DE LA PORTE INTÉRIEURE

ÉGLISE DE NOTRE-DAME DES DOMS À AVIGNON.
(VAUCLUSE)

A. MOREL, Éditeur.

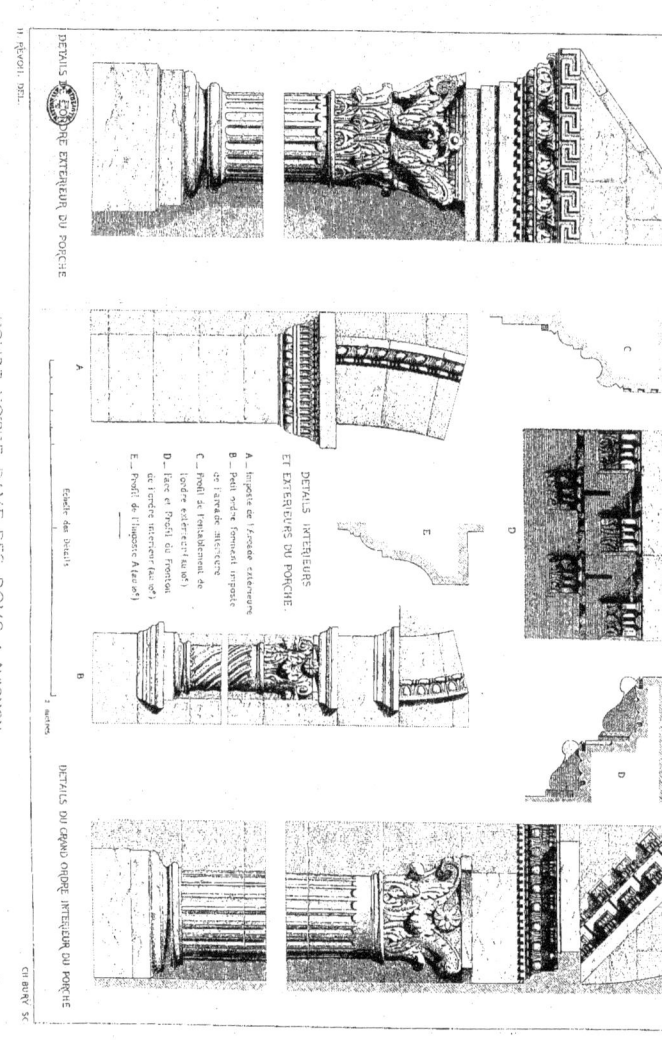

ARCHITECTURE ROMANE

COUPE TRANSVERSALE DU PORCHE

CHAPITEAUX DES PILIERS DE LA NEF (AU 10ᵉ)

Echelle de la Coupe

H. REVOIL DEL.   CH. BURY SC.

EGLISE DE NOTRE-DAME DES DOMS A AVIGNON
(VAUCLUSE)

A. MOREL, Éditeur.   Imp. Lemercier et Cⁱᵉ Paris.

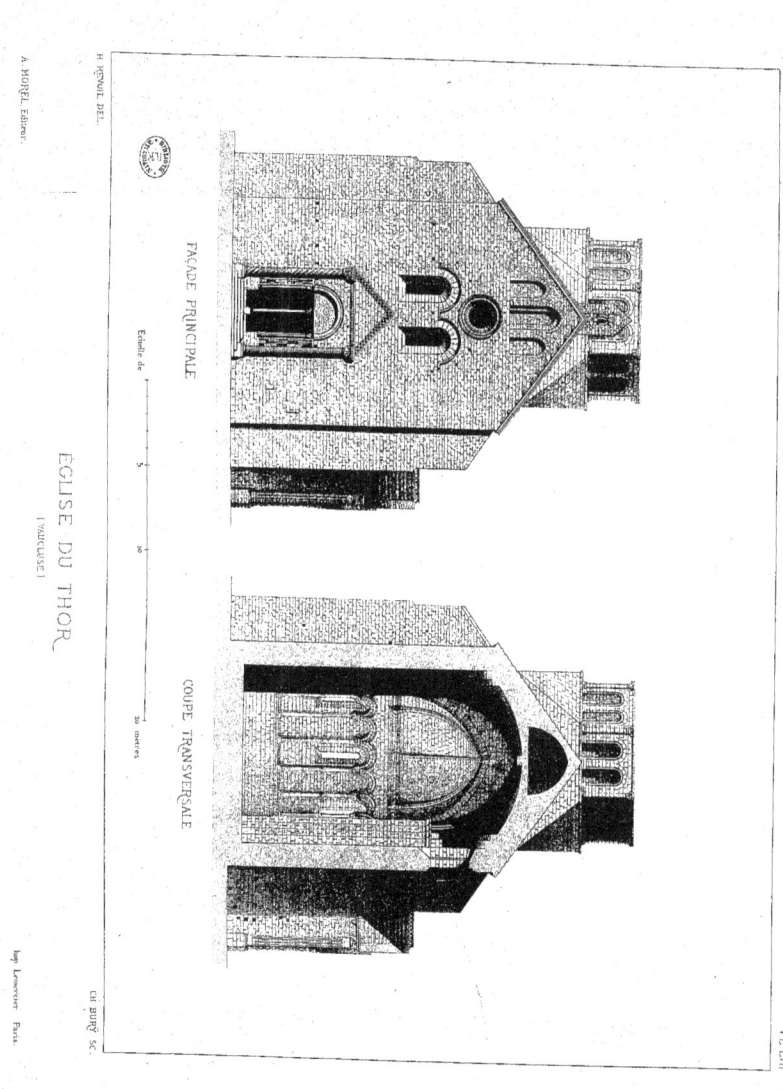

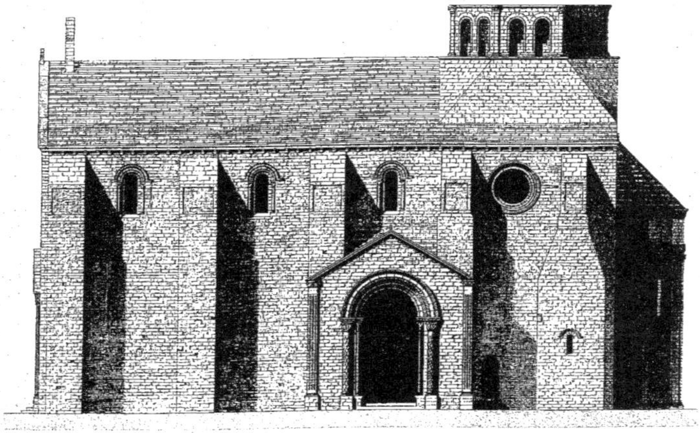

FAÇADE LATÉRALE

Échelle de 5 10 20 mètres

H. REVOIL DEL. CH. BURY SC.

ÉGLISE DU THOR

(VAUCLUSE)

A MOREL, Éditeur Imp. Lemercier Paris.

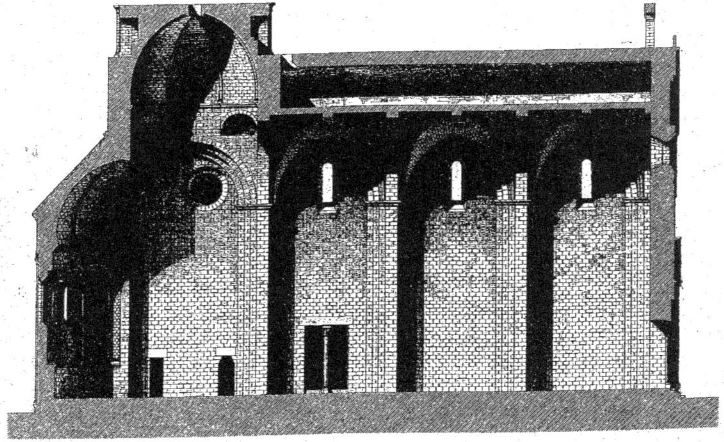

ARCHITECTURE ROMANE

COUPE LONGITUDINALE

Echelle de 5 10 20 Mètres

ÉGLISE DU THOR
(VAUCLUSE)

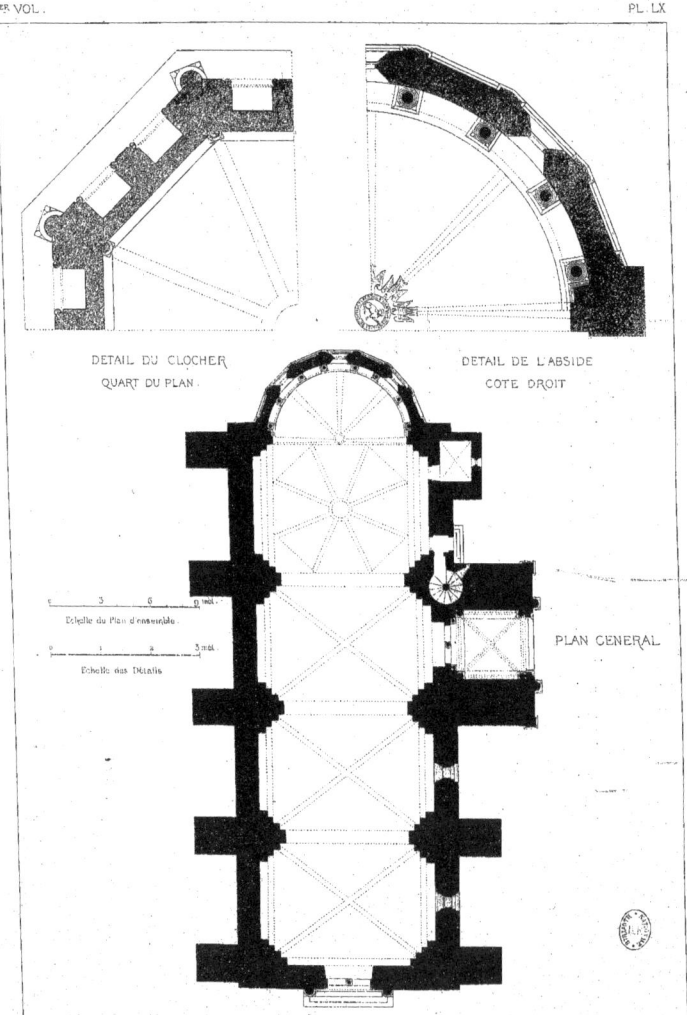

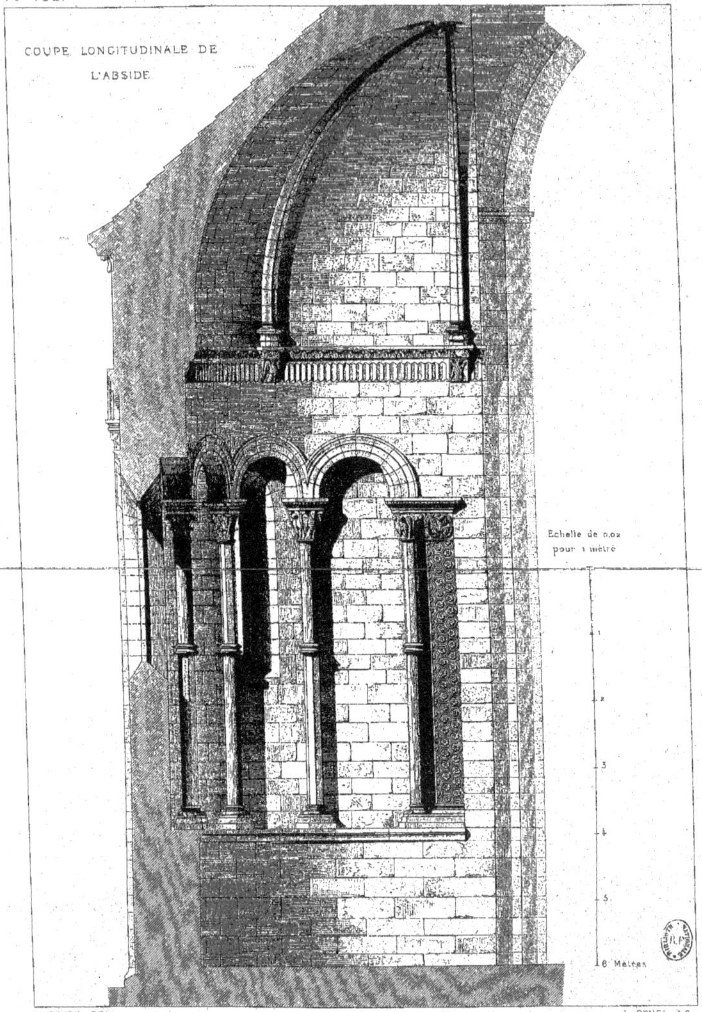

H. REVOIL DEL. J. PENEL SC.

ÉGLISE DU THOR

(VAUCLUSE)

A. MOREL, Editeur

Imp. Lemercier et Cie Paris

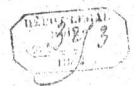

ARCHITECTURE ROMANE.

DETAIL DES ARCATURES EXTERIEURES DE L'ABSIDE   COUPE
Echelle de 0,04 pour mètre

ECLISE DU THOR
(VAUCLUSE)

ARCHITECTURE ROMANE

DÉTAILS DES ARCATURES INTÉRIEURES DE L'ABSIDE

ÉGLISE DU THOR
VAUCLUSE

ARCHITECTURE ROMANE

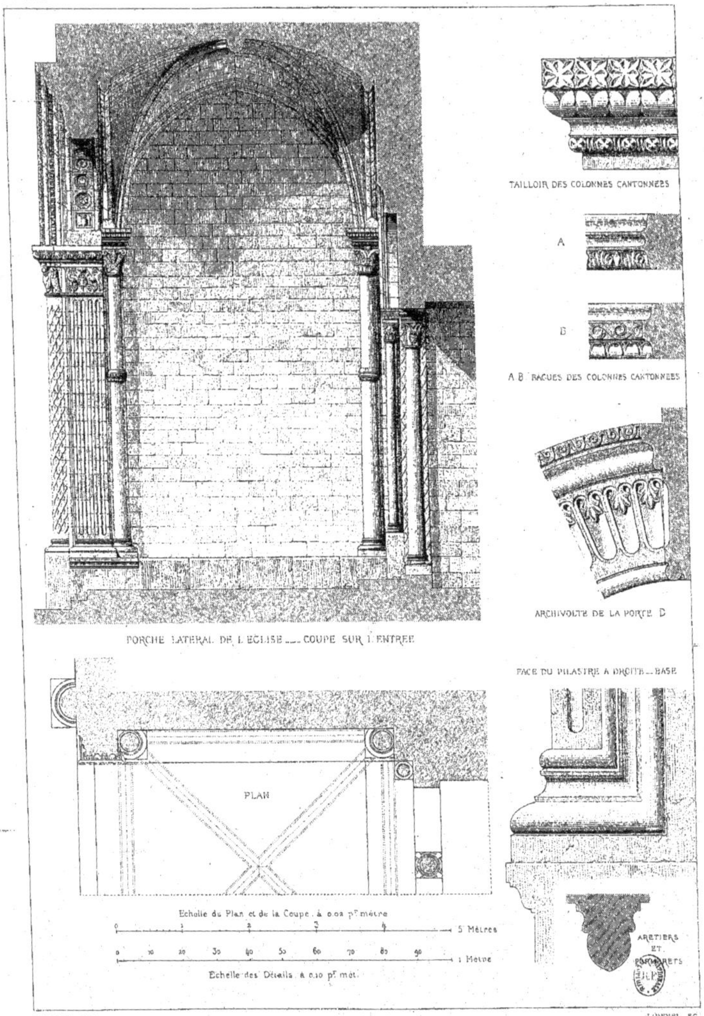

H. REVOIL DEL.

J. PENEL SC.

EGLISE DU THOR.

(VAUCLUSE)

A. MOREL et Cie Editeurs.

Imp. Lemercier _ Paris

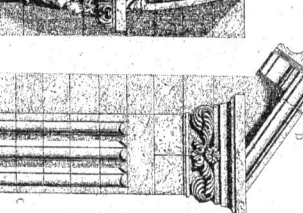

ARCHITECTURE ROMANE

ÉGLISE DU THOR
(VAUCLUSE)

DÉTAILS DE GAUCHE DE LA PORTE PRINCIPALE

DÉTAILS DE DROITE DE LA PORTE PRINCIPALE

PROFIL DU FRONTON

ÉLÉVATION DU PORTAIL PRINCIPAL

MOTIF DANS LE TYMPAN

COLONNE MENEAU DU PORTAIL

Échelle de l'Ensemble
Échelle de Détails

A. HOREL, Éditeur

H. REVOIL, DEL.

FÉLIX PERNEL, SC.

Imp. Lemercier et Cie, Paris

APPENDICE

DOCUMENTS RELATIFS AU CLASSEMENT CHRONOLOGIQUE

DE

L'ARCHITECTURE ROMANE

DU MIDI DE LA FRANCE

Existe-t-il dans le midi de la France des monuments antérieurs au xie siècle? Telle est l'importante question archéologique, qui n'a pas été résolue encore d'une manière positive.

Des archéologues & des architectes distingués amenés à parler de certains de nos monuments religieux du Dauphiné, du Comtat & de la Provence, qui ont emprunté leur ordonnance architecturale & leurs détails de sculpture à l'art romain du Bas-Empire, ont hésité, faute de preuves suffisantes, à émettre autre opinion que des doutes sur l'époque de la construction de ces édifices.

D'autres ont affirmé résolûment qu'il n'y avait plus sous notre ciel méridional de monuments antérieurs à l'an 1000 de notre ère.

Le doute des uns & la négation des autres reposent sur la destruction de presque toutes les archives civiles, épiscopales ou abbatiales, & sur l'absence de documents authentiques antérieurs à cette époque comme preuve historique, & surtout sur les ravages des Sarrasins qui, d'après les chroniques du temps transmises jusqu'à nos jours, couvrirent notre pays de ruines & de sang.

Telles sont les objections formulées; en s'arrêtant d'abord à ce dernier argument, au ravage des Sarrasins, n'est-il pas permis de se demander s'il est possible d'admettre que ces barbares, avec des engins de guerre peu formidables, tels que béliers & autres, aient pu raser de fond en comble ces édifices ; comment ne pas croire plutôt qu'ils se sont bornés à des destructions partielles, telles que démolitions de voûtes, de combles, dévastation de sanctuaires, renversements d'autels, pillage des trésors..., &c. Des historiens rapportent même qu'ils respectèrent certains temples vénérés, pour ne pas troubler la dévotion des fidèles & recueillir ainsi à leur profit leurs dons & leurs aumônes pieuses (1).

Et nos monuments romains, surtout ceux de petite dimension, presque tous encore debout, pourquoi n'auraient-ils pas subi le même sort, & n'auraient-ils pas été rasés de fond en comble ? Je ne parle pas des amphithéâtres, on m'objecterait qu'ils servaient d'enceinte aux villes construites dans leur intérieur.

Pourquoi ne pas se dire, alors avec M. Reinaud (2), que ces barbares avaient procédé en France comme en Espagne, au moment de leurs conquêtes ?

« Le nombre des églises laissées aux chrétiens, dit-il, avait été déterminé au « moment de la conquête, & il leur était défendu d'en construire de nouvelles.

« Ne laissez pas élever par les infidèles des synagogues, des églises & des temples « nouveaux, mais qu'il leur soit libre de réparer les anciens édifices & même de les « rebâtir, pourvu que ce soit sur l'ancien sol (3). »

Nous croyons pouvoir prouver aujourd'hui d'une manière précise qu'il existe des monuments antérieurs au xi° siècle presque complets ou en partie conservés, & que les ravages des Sarrasins se sont bornés généralement, nous le répétons, à de simples dévastations.

Pour faire cette preuve, nous ne nous baserons sur aucune charte antérieure au xi° siècle, & nous la chercherons surtout dans l'étude comparative & détaillée des systèmes de constructions diverses bien accentuées dans certains monuments connus.

Mais avant d'entrer dans la discussion de notre théorie, il est bon de rappeler que tous les historiens s'accordent pour reconnaître que la race carlovingienne, à son début, fit fleurir les arts & construisit de nombreux édifices religieux. Éginhart, l'inspecteur des monuments royaux de Charlemagne, & son historien, l'atteste.

Quel a été le caractère dominant de l'architecture de cette époque ? Aix-la-Chapelle nous l'indique, c'est une réminiscence de l'art antique. L'abbaye de Lorsch, fondée au delà du Rhin, en 776, en est une preuve encore debout, & la chronique de cette abbaye nous apprend que son abbé Gundelande a bâti son monastère, non dans le style moderne, mais *more antiquorum & imitatione veterum* (4).

Il y avait donc alors un style particulier, un style contemporain, & le style d'imitation de l'art romain fut presque une innovation dans le Nord. Mais dans le Midi les

---

(1) Les Sarrasins établirent un abbé apostat à Saint-Victor, de Marseille, qui prélevait, au profit de ces barbares, un tribut sur les pèlerins. (Bulle du pape Benoît IX. Archives de Marseille.)

(2) *Invasion des Sarrasins en France*, par Reinaud, 1836.

(3) Quelques docteurs exigent même qu'en rebâtissant l'église, on emploie la même terre, les mêmes pierres, en un mot les mêmes matériaux. Voyez Mouradjea d'Hosson (*Tableau de l'empire ottoman*), tome V, page 109.

(4) *Chronicon Laurishamense*. (Dans la collection de Struve, tome I, page 82.)

architectes & maîtres ès pierres, entourés de monuments antiques, n'avaient pas cessé de leur emprunter leurs détails & souvent même leur ordonnance générale.

Ces observations importantes, ces documents authentiques auront bientôt leur application.

Il s'agit maintenant pour nous de trouver dans le midi de la Gaule un monument dont nous puissions établir l'origine antérieure au xie siècle, & d'étudier ensuite les divers caractères de sa construction, de son ordonnance & de ses détails, profils ou sculptures.

Le groupe de constructions de diverses époques, qui forment l'ensemble de la cathédrale d'Aix, va nous fournir un jalon historique irréfutable sur lequel nous pourrons nous appuyer. En effet, dans une charte dont l'authenticité ne peut être mise en doute (1), Pierre Gaufridi, archevêque d'Aix, vers 1092, s'exprime en ces termes :

« Pierre, archevêque d'Aix, à tous les enfants de l'Église, salut dans le Seigneur.
« Nous voulons faire savoir à tous les fidèles que le siège d'Aix, consacré en l'honneur
« de sainte Marie, l'oratoire de Saint-Sauveur & le baptistère de Saint-Jean sont de-
« meurés déserts pendant un grand nombre d'années par suite de la dévastation qu'en
« firent les païens avec la ville d'Aix. La miséricorde divine a permis que quelques
« religieux vinssent d'abord habiter ce lieu, à cause de l'affection & du respect pour
« ce vénérable oratoire de notre Sauveur. Parmi eux, s'est notamment distingué le
« prévôt Benoît, louable par sa prudence, remarquable par sa bonté, qui, par la protec-
« tion de Dieu & aidé par le clergé, qui y sert Dieu avec lui, a augmenté ce même
« lieu plus que personne par divers bâtiments & l'a enrichi autant qu'il a pu d'orne-
« ments & de biens. » Celui-ci est venu auprès de « nous & nous a prié d'accorder
« quelque bienfait à cette même église pour contribuer à sa restauration. » ..... *Qui nostram præsentiam adiens ut eidem ecclesiæ aliquid beneficii ad* RESTAURATIONEM LOCI *concederemus supplex expostulavit.*

Constatons premièrement dans cette charte que les édifices dont parle l'archevêque Pierre ont été déserts, mais non détruits, pendant un grand nombre d'années..... *Per multa curricula annorum.* Mais il s'agit tout d'abord de bien déterminer quels étaient ces édifices plus ou moins mutilés alors, & de reconnaître d'une manière certaine l'église construite par le prévôt Benoît.

Une autre charte de consécration va nous l'apprendre positivement (2).

« L'an du Seigneur 1103, monseigneur Pierre, archevêque d'Aix, ayant réuni à
« Aix quelques évêques de la Provence comme lui, savoir : monseigneur Gibelin, arche-
« vêque d'Arles; Pierre, évêque de Cavaillon; Béranger, évêque de Fréjus, & Augier,
« évêque de Riez, de l'avis des membres de son clergé, savoir : Foulque, prévôt;
« Hugues, archidiacre; Brémont, sacriste, & des archiprêtres Geoffroi & Pierre, & des

---

(1) *Gallia christiana*, tome I, *Instrumenta Ecclesiæ aquensis*, page 65.
(2) *Gallia christiana*, tome I, *Instrumenta Ecclesiæ aquensis*, page 66, & *Archives de Saint-Sauveur*, cartulaire de Saint-Victor.

« chanoines Norbert, Pierre, Hugues, Guillaume, Giraud & autres dont il serait trop
« long de détailler les noms, résolut de consacrer l'église du Seigneur-Sauveur, récem-
« ment ici fondée entre deux églises, savoir : au nord, l'église de Notre-Dame, & au
« midi l'église de Saint-Jean-Baptiste, l'oratoire du même Seigneur notre sauveur se
« trouvant bâti à l'orient. »

En examinant le plan général des constructions de la cathédrale d'Aix, à l'aide de ce texte il devient facile de reconnaître que l'église du prévôt Benoît, consacrée par Pierre II en 1103, est celle dont on retrouve les traces à droite & à gauche des trois premières travées de la grande nef de cette métropole, & qui était enclavée au nord par la petite chapelle Notre-Dame–d'Espérance, au midi par le baptistère de Saint-Jean, & qui était adossée au levant à l'oratoire du Sauveur, appelé aujourd'hui nef du *Corpus Domini*. (Appendice, pl. Ire.)

Les arcades plein-cintre & les profils de cette grande église ont parfaitement le caractère de l'architecture de la fin du xie siècle, & les communications établies entre cette grande nef romane & l'oratoire du Sauveur sont aussi des constructions de la même époque. Par ces mots, oratoire du Sauveur, il ne faut pas entendre, comme l'abbé Faillon, seulement le petit oratoire dédié à sainte Madeleine, & qui était placé à l'extrémité de la petite nef du Sauveur, il faut comprendre la petite nef du *Corpus Domini* tout entière.

Ces faits établis, revenons à l'expression *per multa curricula annorum;* il est bien évident que cette expression nous permet, sans risque d'erreurs, de redescendre de 1093 à 900 au moins. Du reste, Pierre Gaufridi nous dit que ces monuments sont restés déserts, *par suite de la dévastation qu'en firent les païens*. On sait que les Sarrasins ravagèrent la ville d'Aix en 731, que le règne de Charlemagne ramena le calme en Provence, & qu'il s'écoula à cette époque une période de soixante ans de tranquillité; qu'Aix se repeupla alors, à cause de l'importance de ses sources thermales, & que les Sarrasins recommencèrent leurs invasions vers le milieu du ixe siècle, en 845 environ.

Donc la dévastation des édifices mentionnés par l'archevêque Pierre n'a pu avoir lieu qu'avant Charlemagne, ou, soixante ans après le règne de cet empereur, ou, au plus tard en 928, époque où l'archevêque Odolric abandonna lâchement son siége, voyant que la ville était continuellement en proie, soit aux Sarrasins, soit aux Normands.

De tous ces arguments on peut donc conclure que la nef du *Corpus Domini* est un monument construit pendant le ixe siècle, ou tout au moins dans les premières années du xe siècle.

Observons maintenant les fragments de cet oratoire vénéré de Sainte-Madeleine, qui terminait la petite nef du Sauveur & qui a été malheureusement détruit au commencement de notre siècle. Ce sont deux chapiteaux appartenant au ve ou vi^e siècle. L'oratoire était donc incontestablement mérovingien. Quant au baptistère de Saint-Jean, construit avec des colonnes antiques, il ne peut dater que de la même époque.

Nous allons étudier la nef du Sauveur, cette petite église composée d'une seule nef à trois travées, d'une quatrième travée surmontée d'une coupole & d'une cinquième travée précédant l'abside, qui devait se relier au petit oratoire détruit au commencement du xix° siècle.

A l'entrée, un portail flanqué de deux colonnes cannelées, engagées & reliées par une corniche que devait surmonter un fronton ; dans cet encadrement, une archivolte reposant sur deux colonnes ; toute cette ordonnance composée de moulures & sculpture presque antique ; sur les appareils de grande dimension, des tailles en *fougères* & d'autres en *pointillés formant des dessins*.

A l'intérieur, même remarque & dessins nombreux en pointillés sur les arceaux des diverses travées. (Appendice, pl. II, fig. 1, 2, 3, 4.) Chaque travée est séparée par un faisceau de trois piliers, celui du milieu supportant l'arc doubleau légèrement ogival ; sur les deux autres piliers, de chaque côté, des colonnes sur lesquelles reposent également deux arcs accolés à l'arc principal. Ces colonnes, cannelées de diverses manières, sont terminées par un chapiteau composé de deux parties distinctes dans sa hauteur. La première partie, reposant sur le fût circulaire, se termine carrément pour recevoir la partie supérieure, qui est carrée. Une corniche règne sur toute la longueur de cette nef & suit tous les ressauts des piliers. La sculpture de ces chapiteaux, de cette corniche, composée de moulures ornées d'oves, de denticules, & de feuilles d'acanthe, ressemble à l'ornementation de l'architecture du Bas-Empire, sauf quelques variantes que nous décrirons plus tard (1).

Les archivoltes des arcades, se dessinant entre chaque travée sur les murs latéraux, sont ornées des mêmes moulures qu'une archivolte d'ordre dorique.

La coupole octogonale, décorée de huit pilastres se terminant par des chapiteaux réunis autour d'une sorte de couronne, repose sur quatre pendentifs ; les assises de ces pilastres sont ornées de pointillés de dessins variés, du même genre que les précédents.

Tels sont les caractères distinctifs de la petite nef du Sauveur de la cathédrale d'Aix, & ces caractères constituent la ressemblance si importante que nous cherchons à établir avec cet oratoire & les monuments de Lorsch & Aix-la-Chapelle.

En effet, le style général & la sculpture de ces deux monuments sont une imitation de l'architecture du Bas-Empire : mais, outre ce caractère principal, nous devons en signaler d'autres essentiels. L'appareil de la nef du Sauveur est grand, sa taille est chevronnée à l'extérieur & à l'intérieur surtout, & enfin sur le plus grand nombre des assises sont tracés à la pointe ces dessins divers en pointillés : particularité des plus remarquables, dont on reconnaîtra plus loin l'importance. Le badigeon épais qui recouvre, dans toute sa hauteur, l'intérieur de cette nef obscure, nous a empêché de découvrir jusqu'à présent un quatrième signe caractéristique, dont le rôle important s'affirmera dans les descriptions qui vont suivre : je veux parler des marques de tâcherons.

L'examen détaillé des constructions de diverses époques de l'église de Saint-Restitut, dans la Drôme, nous servira encore de jalon dans cette étude, & on verra bientôt que

---

(1) Voir *Architecture romane*, tome II, pl. LII, fig. 2.

APPENDICE DE L'ARCHITECTURE ROMANE

cet édifice renferme tous les détails & tous les signes curieux qui nous permettent de justifier une classification assez complète des nombreux restes de l'architecture carlovingienne dans le Dauphiné, la Provence & le Comtat surtout.

Ce monument, des plus remarquables, se compose de trois parties bien distinctes, comme construction & comme style; & il est certain que les diverses époques de chacune de ces transformations doivent être très-éloignées les unes des autres.

A la première période appartient évidemment la salle carrée qui précède la nef; on distingue parfaitement dans l'intérieur les soudures de ce vaisseau avec cette construction, & il est facile de reconnaître que cette addition d'une nef a été la seconde opération dans l'édification de cette église; car on voit encore sur la quatrième face, tronquée par cette addition, les restes de la corniche sculptée qui entoure ce premier monument. A l'extérieur, cette corniche est ornée de bas-reliefs d'un faire très-naïf & surmontée d'une moulure à fleurons sous laquelle règne une frise à losanges en briques rouges. L'appareil est petit, irrégulier, grossièrement bâti. Tout est d'un faire bien primitif dans la décoration intérieure & extérieure de cette salle, qui reçut les restes de saint Restitut.

La nef qui vient se souder à cette chapelle funéraire est formée de trois travées terminées par une abside. Sur le côté droit de la première travée est flanqué un porche composé de deux colonnes engagées d'ordonnance presque corinthienne, surmontées d'un fronton qui couronne l'arcade enchâssée dans ce motif & servant ainsi d'entrée à la face de l'édifice abritée du vent du nord. Ces détails, semblables à ceux du portail d'Aix, ont tellement le caractère de l'architecture romaine du Bas-Empire, qu'il faut un certain temps avant d'y reconnaître un type, cependant distinctif, dans la forme toute originale des feuilles d'acanthe décorant les moulures & les chapiteaux.

La séparation des trois travées de cette nef est formée par des faisceaux de piliers. Les piliers qui séparent la première travée supportent deux colonnes cantonnées, de forme & de sculpture antiques, & couronnées par une belle frise à rinceaux, d'où s'élance un grand arc doubleau, sur lequel repose la voûte formée de deux arcs de cercle. Un arc plus petit, portant sur le pilier le plus saillant, sépare ce motif caractéristique, que nous avons déjà signalé à Aix.

La partie supérieure des deux autres travées & de l'abside a été détruite sans doute & reconstruite à une autre époque. Le caractère des moulures & de l'ornementation est tout à fait différent. L'abside, jusqu'à la hauteur de la corniche intérieure, est certainement contemporaine de la première travée; elle est ornée d'arcatures, décoration que nous retrouverons complète dans d'autres édifices de la même période.

Ces divers remaniements & reconstructions établis, revenons à la première salle carrée. Cette salle est surmontée d'une sorte de coupole, divisée, comme celle de Saint-Sauveur d'Aix, par des pilastres qui suivent sa courbure sphérique. Cette coupole est de la même époque que la première travée : les grands appareils de ces deux constructions font une liaison parfaite entre eux, & il est facile de reconnaître qu'elles sont l'œuvre des mêmes ouvriers.

DU MIDI DE LA FRANCE.

Du reste, voici de nouvelles preuves, preuves irréfutables : sur les appareils extérieurs de la tour carrée qui contient cette coupole, on découvre les mêmes sigles ou marques de tâcherons, qui sont gravés sur les assises extérieures de la première travée.

L'étude de ces sigles est vraiment des plus intéressantes : ils sont de deux espèces, lettres & taille pointillée ou en fougère & taille en chevron, comme à Saint-Sauveur d'Aix. Sur les assises extérieures de la façade de la tour, vis-à-vis l'abside, on voit un P, un M, un D, un C & un S d'un alphabet presque antique ; & sur un seul carreau d'appareil est gravé le mot VÇO (appendice pl. VI, fig. II), nom qui se reproduit trois fois de la sorte & de la même manière. Sur le mur extérieur, à gauche de la nef & sur un contre-fort correspondant à la division de la première travée, plusieurs caractères sont gravés sur la même assise (A).

(A)
Principaux sigles lapidaires de l'église de Saint-Restitut (Drôme).

La forme carlovingienne de ces lettres ne serait pas un argument suffisant dans cette discussion, car on peut objecter que la plupart se retrouvent tout à fait semblables dans l'épigraphie du xi.e siècle ; mais cependant quelques-unes ont un caractère tout particulier, & on peut affirmer que, dans toute l'épigraphie méridionale, on ne retrouve le G en forme de faucille qu'à l'époque mérovingienne ou carlovingienne. L'autel de Ham, reproduit dans l'ouvrage : *Les Inscriptions chrétiennes de la Gaule*, nous donne sur ces quatre faces le *fac-simile* le plus parfait de ces caractères distinctifs, & nous remarquons dans ce recueil que le G en faucille n'est en usage que dans le viiie & le ixe siècle.

Mais voici une autre particularité bien singulière. Les appareils extérieurs de cet édifice, dans toute la partie appartenant à la seconde période, c'est-à-dire à la période carlovingienne de sa construction, sont couverts de dessins pointillés de toute forme, de tout genre, dont les planches annexées à ce mémoire nous offrent les exemples les plus remarquables & les plus originaux (1).

Cette observation n'avait pas attiré encore l'attention des archéologues, &, je le répète, on verra son importance.

Ainsi donc, l'église de Saint-Restitut offre trois époques de constructions bien distinctes : la salle carrée, première construction ; les trois travées de la nef de l'abside, deuxième construction, & enfin la reconstruction bien postérieure des parties supérieures des deux dernières travées & de l'abside, troisième construction ou restauration.

Dans la seconde période, nous avons cité le porche & la partie supérieure de la

---

(1) Appendice. Planche III, fig. 1, 2, 3, 4, 5.
— Planche IV, fig. 1, 2, 3, 5, 8, 13.
— Planche V, fig. 4 & 6.
— Planche VI, 1, 2, 3, 11.

première travée comme étant empreints d'un caractère antique vraiment remarquable, puisque, de prime abord, plusieurs archéologues distingués ont supposé que c'étaient là des restes de monuments romains. De plus, parmi les tailles pointillées que nous avons citées, nous retrouvons le même dessin que celui gravé de la même manière sur l'archivolte du portail de l'oratoire du Sauveur d'Aix & sur les arcades intérieures de ce monument. Si donc on rapproche ces observations de celles faites précédemment sur la petite nef du Sauveur d'Aix, dont nous avons retracé les particularités, on conclut à leur similitude architecturale, &, par contre, à leur similitude comme style & comme origine; & on est de plus amené à dire que la chapelle funéraire de plan carré qui précède la nef de l'église Saint-Restitut, doit être mérovingienne ou appartenir tout au moins à ce style contemporain que ne voulut pas suivre Gundelande, l'abbé de Lorsch.

Nous avons cherché à démontrer l'origine carlovingienne de ces deux types, soit au moyen de documents écrits incontestés, soit à l'aide des caractères distinctifs de leur construction; ces observations vont nous servir à prouver qu'on doit aussi admettre, parmi les preuves de cette nouvelle classification chronologique, la chapelle de Saint-Gabriel, près Tarascon (Bouches-du-Rhône).

Nous retrouvons en effet, sur la façade & sur toutes les autres parties de ce curieux monument, tous les caractères distinctifs signalés plus haut à Saint-Sauveur d'Aix & à Saint-Restitut. Même porche; sculpture, profils imités de l'architecture du Bas-Empire; tailles, lettres & pointillés parfaitement identiques.

Laissons un instant la description architecturale de ce monument pour nous occuper d'un acte de donation qui le mentionne. Nous savons que ce document, extrait du recueil de *Joannes a Bosco*, malgré sa reproduction par des auteurs qui font ordinairement autorité, est contesté; mais nous croyons que l'ordonnance architecturale de cette chapelle, de la même famille que celle de Saint-Sauveur & de Saint-Restitut, nous venons de l'établir, peut nous permettre d'affirmer que cette charte n'a été qu'altérée; que son en-tête, peut-être dégradé ou brûlé, a été ajouté ou refait par un moine ou un scribe peu versé dans l'histoire; mais que tout le corps de ce diplôme peut & doit être accepté aussi bien que les *clausus* & les *signatures*.

Charles le Chauve & Hermentrude, sa femme, assistés du comte Odulphus, font, dans cette charte, à Wulférius, évêque de Vienne, diverses donations. Or Wulférius était contemporain de Charlemagne & non de Charles le Chauve. Ce prélat était mort depuis environ trente-cinq ans, lorsque ce prince épousa Hermentrude. Tel est l'anachronisme qui a fait rejeter ce document historique. Mais, si on s'arrête aux détails topographiques de cette charte, on est frappé de leur exactitude. Il faut aussi remarquer qu'avec la chapelle de Saint-Gabriel, & la tour du *Fraudulentum*, défense située derrière ce petit édifice, sont mentionnées deux des églises primitives d'Arles, celle de Saint-Géniès, & celle de Sainte-Madeleine, où l'on retrouve tous les signes lapidaires cáractéristiques & les moulures des monuments précités, preuve évidente de leur contemporanéité avec Saint-Gabriel.

DU MIDI DE LA FRANCE.

L'origine de la nef du Sauveur d'Aix constatée, & la ressemblance de Saint-Gabriel avec cet édifice & l'église de Saint-Restitut d'autre part établie, & ces mêmes caractères distinctifs observés dans les trois édifices cités dans cet acte, nous pourrons donc établir que notre assertion sur l'authenticité de la majeure partie de cette charte est fondée, & dès lors la joindre subsidiairement à nos preuves.

Ajoutons également qu'une charte du cartulaire de Saint-Victor, datée de 1030 (page 182, tome I), mentionne Saint-Gabriel en ces termes dans une description : *montem Sancti-Gabrihelis juxta fluvium Durencie,* écrit avec un *h,* comme dans l'inscription gravée dans le tympan du fronton de cet édifice. Voilà donc une nouvelle preuve que ce monument n'appartiendrait pas au xiie siècle, comme on l'a toujours affirmé. Relever cette date de 1030 n'est point chose de peu d'importance pour notre théorie. En effet, s'il est prouvé par le cartulaire de Saint-Victor, recueil dont l'authenticité n'est point contestée, que la chapelle de Saint-Gabriel existait en 1030, si, comme cela résulte de notre connaissance parfaite de cette localité, aucune autre chapelle n'a jamais existé sur cet emplacement d'Ernaginum, & que, d'autre part, ce petit édifice porte les traces évidentes d'incendie & de remaniements très-distincts faits dans la période romane à des époques différentes, on peut bien affirmer qu'il était construit quelques années au moins avant 1030, c'est-à-dire avant la fin du xe siècle, époque carlovingienne.

Or, nous avons déjà signalé la similitude de la chapelle de Saint-Gabriel avec *l'oratoire du Sauveur* d'Aix; nous allons la constater par sa description complète. Rappelons-nous seulement que l'archevêque d'Aix, Pierre, dans sa charte de 1093, en citant l'oratoire du Sauveur, dit qu'il a été abandonné *après la dévastation des barbares, per multa curricula annorum.* Cette similitude de Saint-Gabriel avec l'église d'Aix, & le rapprochement comparatif de ces dates, nous autorisent donc à ajouter cette nouvelle preuve en faveur de notre classification.

Mais revenons à la description architecturale de ce petit édifice religieux. Sa disposition comme plan, tout aussi bien que la décoration de sa façade, auront leur application dans ces études comparatives (1).

« L'ordonnance intérieure & extérieure de cette chapelle sont d'une simplicité remarquable ; sa nef rectangulaire, divisée en trois travées, est terminée par une abside circulaire à l'intérieur & extérieurement à pans coupés. Le cul-de-four de cette abside est orné d'un bandeau qui retombe sur des figures d'animaux. La voûte en berceau ogival reposant sur un cordon orné d'une simple moulure est recouverte par un dallage en pierre. Des contre-forts latéraux renforcent les piliers qui supportent les arcs-doubleaux séparatifs de la nef. Sur la façade, un grand arc reposant sur une imposte ornée abrite la porte, encadrée par deux colonnes engagées & surmontées d'un fronton circulaire terminé par l'Agneau pascal. Au-dessus de cet arc & appuyée sur un grand cordon, une archivolte ogivale entoure un

---

(1) Voir *Architecture romane,* tome I, pl. 9, 10, 11, 12.

oculus orné de feuilles & flanqué sur ses axes des symboles des quatre évangélistes.

« L'ornementation de ce portail & ses profils sont la reproduction presque fidèle des décorations du Bas-Empire. On reconnaît cependant dans les feuilles des chapiteaux & des impostes, répétons-le, un caractère spécial.

« Dans le tympan de la porte se trouvent représentés d'un côté Daniel entre deux lions, & au-dessus de lui l'ange tenant d'une main, par les cheveux, Habacuc envoyé par Dieu pour lui porter sa nourriture; sans séparation aucune & dans le même demi-cercle, Adam & Ève au pied d'un figuier, représentation de l'arbre de la science du bien & du mal, autour duquel s'enroule le serpent tentateur. Ce dernier sujet a été reproduit très-souvent sur les monuments de cette époque & quelquefois à pareille place. A Boulbon, par exemple, village situé à quelques kilomètres, ce fait biblique est également figuré au-dessus de l'entrée d'une charmante petite chapelle qui, dans des conditions plus simples & plus restreintes, semble avoir été construite par les mêmes artistes sur les mêmes modèles & avec les mêmes tailles & signes caractéristiques. »

Signes lapidaires de la chapelle Saint-Marcelin (Boulbon, près Tarascon).

« Ce fronton renferme également un bas-relief très-intéressant : sous trois arcatures on reconnaît l'ange Gabriel, annonçant à la Vierge qu'elle deviendra mère du Christ; la salutation angélique se trouve gravée au-dessus de ces deux figures; &, sous la dernière arcade, Marie & Élisabeth, désignées aussi par une inscription, se tiennent embrassées : symbole de la Visitation. C'est ainsi qu'ont été représentés, sur cette façade, quelques-uns des principaux sujets religieux qui furent l'objet, plus tard, d'un développement bien plus important. La chapelle de Saint-Gabriel est très-probablement un des premiers édifices religieux du Midi sur lequel l'iconographie soit venue apporter son concours à l'ornementation & aux moulures décoratives; aussi, à ce point de vue seul, offrirait-elle le plus grand intérêt, si elle ne présentait de plus celui d'être, comme disposition générale, un modèle qui fut souvent reproduit. »

A tous ces détails ajoutons qu'on retrouve dans la construction de Saint-Gabriel les mêmes tailles, les mêmes pointillés que ceux de Saint-Restitut, soit sur l'arc ogival, soit sur les appareils de la façade ou de l'intérieur (Appendice, pl. V, fig. 2, 3, 5, 9); que les lettres & marques de tâcherons sont aussi parfaitement semblables, & que nous avons découvert dans cet édifice avec les noms de BERTR (andus), de SALVA (tor), celui d'VGO, écrit, il est vrai, d'une façon différente sur un des appareils de l'arc triomphal de cette petite chapelle.

Observons encore dans cette chapelle une particularité importante, que nous verrons plus tard se reproduire d'une manière plus caractérisée : on remarque, au-dessus de la petite tribune, un des appareils de la voûte entièrement sculpté dans

Principaux signes lapidaires de la chapelle de Saint-Gabriel, près Tarascon (Bouches-du-Rhône).

l'épaisseur de la pierre ; il représente une suite d'étoiles à quatre pointes. Peut-être sous l'épais badigeon qui recouvre cette voûte retrouverait-on plusieurs appareils taillés de la sorte.

Il est une autre construction religieuse du midi de la France, qui a été l'objet de nombreuses discussions archéologiques & qui doit naturellement trouver place dans cet examen comparatif, c'est la chapelle de Saint-Quénin, près de Vaison, que M. Mérimée a décrite avec un soin minutieux (1).

« L'église Saint-Quénin, dit-il, n'a qu'une nef, des transepts à peine marqués &
« une abside bizarre, triangulaire à l'extérieur, mais à l'intérieur arrondie en demi-
« cercle & ornée de cinq arcades bouchées, en plein cintre, soutenues par des colon-
« nettes à chapiteaux romains très-anciens. Deux petites fenêtres l'éclairent, étroites
« comme des meurtrières. Chaque angle extérieur est terminé par une colonne sans
« base, cannelée & rudentée aux deux cinquièmes de sa hauteur ; deux portions de
« pilastres à chapiteaux corinthiens cannelés également, engagés sur les faces du
« triangle, soutiennent une corniche faisant ainsi l'office de consoles. Une frise dont la
« hauteur égale celle des chapiteaux règne autour de l'abside. Elle est ornée de rin-
« ceaux. Cette frise, les chapiteaux des pilastres & la corniche rappellent fortement
« l'ornementation du Bas-Empire. Les chapiteaux des colonnes sont historiés, il est
« vrai, mais leurs tailloirs sont couverts de palmettes, & les figures d'hommes & d'ani-

(1) Voyez Architecture romane, tome I, planches XIX & XX.

« maux sculptées sur les chapiteaux sont entremêlées de feuilles d'acanthe & d'au-
« tres détails d'un goût purement antique. Il faut remarquer encore que les figures
« sont exécutées assez grossièrement en comparaison des feuilles d'acanthe & des
« moulures appartenant au style antique. Les premières sont incrustées dans un temps
« de barbarie, les autres sont copiées sur de bons modèles (1). Je ne crois pas que les
« pilastres qui tiennent lieu de consoles aient été jamais entiers, du moins rien dans
« la construction du mur ne peut faire croire que leurs bases aient été tronquées.

« Les transepts, à peine indiqués à l'intérieur, sont ornés au dehors d'une frise
« plus large que celle de l'abside, interrompue comme elle par des colonnes tron-
« quées faisant office de consoles. On y distingue des figures d'hommes armés, des
« chevaux, mais tout cela est si fruste qu'il faut renoncer à y chercher des rensei-
« gnements.

« Cette portion de l'église, ainsi que l'abside, est évidemment très-ancienne, l'ex-
« térieur surtout; la nef est postérieure. . . . .
. . . .
« Les voûtes sont en ogive à pointe obtuse, à côtés très-courbés. Cette forme
« est la même pour la nef & pour les transepts; mais la nef a été restaurée à plusieurs
« reprises, tandis que les transepts paraissent appartenir entièrement à la construction
« primitive. Une jolie moulure d'oves, qui fait le tour de l'abside & dont le caractère
« est tout antique, se prolonge le long des retombées de la voûte des transepts. L'ap-
« pareil est moyen, généralement fort irrégulier, excepté vers l'abside & les transepts.
. . . .
« On n'a que des renseignements historiques imparfaits sur la fondation de Saint-
« Quénin (2). D'un côté, le style antique des ornements, la forme extraordinaire de
« l'abside, m'engagent à assigner à cette chapelle une date très-reculée; d'un autre côté,
« la voûte ogivale & ses chapiteaux historiés, dont on ne trouve guère d'exemple avant
« le XIe siècle, me jettent dans une grande incertitude. Cependant il faut observer que
« ces chapiteaux, bien qu'historiés, n'ont aucun rapport avec ceux du XIe & du
« XIIe siècle. Quant à ceux des pilastres, ils sont corinthiens, & les autres attestent des
« souvenirs du même type, des feuilles d'acanthe correctement modelées; j'ai déjà dit
« que les figures qui les accompagnent annoncent un travail beaucoup plus grossier.
« Peut-être la présence de monuments antiques, qui malgré les dévastations des bar-
« bares n'ont pu disparaître que lentement du territoire de Vaison, suffirait-elle pour
« expliquer cette ornementation toute romaine? Toutefois l'on n'en peut conclure
« que la partie la plus ancienne de Saint-Quénin soit du XIe siècle. A cette époque le
« caractère de l'architecture se distingue par le caprice des détails, & j'ai peine à croire

(1) M. Lenormant pense que le chapiteau placé à l'extrémité du triangle est antique. Il est composite, orné d'un masque à moustaches, style du Bas-Empire. (Voir : Lettre à M. de Caumont sur l'origine de l'ogive.)

(2) « Le père Anselme Boyer, dans l'histoire de l'église de Vaison, en place la construction à la fin du
« VIe siècle ou au commencement du VIIe. Il ajoute que cette église & le couvent des Bénédictins, dont elle faisait
« partie, furent détruits par les Sarrasins. »

DU MIDI DE LA FRANCE.

« que dans un édifice de ce temps on ne trouvât d'autres exemples du goût domi-
« nant que dans deux ou trois chapiteaux, qui enfin ont quelques modèles analogues
« dans les dernières constructions du Bas-Empire. M. Lenormant n'hésite point à re-
« porter l'abside, l'extérieur du moins, au viiie siècle. Il ne serait même pas impossible
« de supposer que cette partie de l'église ait échappé aux dévastations des Sarrasins
« & qu'elle appartient à la construction primitive dont parle le père Boyer. Quelle
« que soit l'opinion que l'on adopte, il est difficile de ne pas donner à l'abside de
« Saint-Quenin une date bien antérieure au xie siècle. Les transepts ornés à l'extérieur
« comme l'abside, & dont la frise présente des figures aussi grossièrement sculptées
« que celles des chapiteaux historiés, me paraissent appartenir à la même époque.
« Je ne parle que de l'extérieur. — A l'intérieur, une restauration fort ancienne a
« donné à l'abside sa forme semi-circulaire, ses arcades bouchées, & vraisemblable-
« ment aux transepts leur voûte ogivale; car il me paraît probable, vu le faible
« diamètre de l'église, qu'elle a d'abord été couverte par un toit en charpente. Reste
« à trouver la date de cette réparation, & les colonnes romanes des arcades bouchées
« & la moulure d'oves qui soutient les retombées de la voûte me feraient croire
« qu'elle n'a été exécutée qu'au commencement du xiie siècle. »

Il y a dans les conjectures de ces deux savants des observations très-judicieuses: on voit qu'ils se rattachent de préférence à tout ce qui peut affirmer l'existence de l'église de Saint-Quenin avant le ixe siècle; mais ils hésitent à croire que l'abside intérieure circulaire soit de l'époque primitive. Un examen attentif au point de vue de la construction, de cette abside & de ces petites absides latérales, tant à l'intérieur qu'à l'extérieur, ne laisse découvrir aucune soudure, aucun raccord; la voûte conique qui relie l'abside principale avec le premier arc-doubleau de la nef a certainement été bâtie par les mêmes ouvriers & sans solution de continuité. — Du reste, l'ornementation entière de cette abside, de ses chapiteaux, que nous avons donnée à une assez grande échelle (1), est en harmonie avec les réminiscences antiques de la décoration extérieure. Il y a plus encore : on trouve à l'extérieur les mêmes signes de tâcherons qu'à l'intérieur; ils sont de la même époque que ceux des édifices précités (2).

Signes lapidaires de Saint-Quenin de Vaison (Vaucluse).

En comparant donc l'ordonnance architecturale de Saint-Restitut, de la chapelle de Saint-Gabriel & de la nef du Sauveur, dont nous avons établi l'existence positive au commencement du ixe siècle, avec celle dédiée au saint patron de Vaison, on

---

(1) Voir tome I, planche XX.
(2) Voir tome I, page 26.

est frappé de leur similitude sous plusieurs rapports, & il est permis de classer la partie ancienne de Saint-Quenin au moins parmi les monuments relevés par les successeurs de Charlemagne, peut-être avec ses libéralités. M. Daniel Ramée (1) semble se rattacher à cette opinion, & croit que l'abside de Saint-Quenin peut bien avoir été bâtie sous Charles le Chauve.

Nous venons de voir dans cette dernière description sur Saint-Quenin de Vaison, combien l'étude comparative des sigles & marques de tâcherons est utile pour arriver à établir la contemporanéité des diverses parties anciennes d'un monument.

Cette observation sera de la plus grande importance dans l'examen de la cathédrale de Notre-Dame-des-Doms d'Avignon, que la tradition attribue avec raison à l'époque carlovingienne.

Nous lisons en effet dans *Gallia christiana*: *Anceps est Cointius uter Humberti & Josephi episcoporum, ecclesiam Sanctæ Mariæ a Saracenis eversam restauraverit* (2). Ces deux prélats vivaient vers l'an 800 environ. Mais cette assertion, quelle que soit son importance, n'étant pas prouvée par un acte authentique, nous devons chercher à la confirmer à l'aide de notre nouvelle théorie.

Maintenant revenons à Saint-Gabriel & comparons l'ordonnance architecturale de cette petite chapelle avec celle de Notre-Dame-des-Doms. — Quelle ressemblance parfaite dans les détails, dans la sculpture presque antique ! Une seule différence peut être signalée, elle consiste dans la perfection de l'exécution : pour mieux dire, il y a entre Notre-Dame-des-Doms & Saint-Gabriel la différence de l'original à la copie. Pour nous, Notre-Dame-des-Doms serait l'original.

Cette comparaison, qui nous semble prouvée, admise, nous voyons tout naturellement cette ancienne église prendre place à côté des précédentes, & autour d'elle se grouperont celles de Pernes & de Cavaillon, — comme nous allons le démontrer.

Nous retrouvons sur le porche de Notre-Dame-des-Doms des sigles nombreux, parfaitement pareils à ceux de Saint-Restitut, & la taille en fougère ou chevronnée très-caractérisée.

Voici ces diverses marques, selon leur position, lettres droites ou renversées :

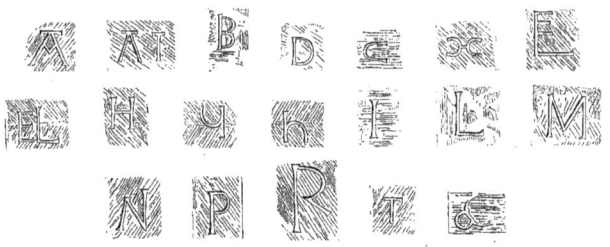

Principaux signes lapidaires de Notre-Dame-des-Doms (Avignon).

(1) Daniel Ramée. *Histoire générale de l'Architecture*, tome I, page 802.
(2) *Gallia christiana* : *Ecclesia avenionensis*. Tome I, page 803.

Ces sigles se retrouvent sur le portail, sur le grand mur de face, sur l'escalier du clocher, sur le clocher, dans la partie inférieure de ses arcatures, jusqu'au niveau où commence la partie moderne de cette grande tour (1), & sur les appareils des arcades extérieures de la coupole. Mais ici encore, comme pour Saint-Quenin, nous retrouverons dans la nef intérieure, jusqu'à la travée de la coupole, les mêmes sigles sous le badigeon décroûté qui recouvrait les peintures plus ou moins anciennes de cette église. — Sur les deux piliers à droite & à gauche de la coupole sont gravés P, EL, & de plus trois H droites ou renversées. Ce dernier caractère est bien l'H qui se remarque dans certains manuscrits du ixe siècle (2).

Maintenant, si nous examinons attentivement la sculpture des corniches & des chapiteaux des colonnes cantonnées de chaque travée & les moulures de la nef, nous remarquerons le même caractère romain, la même forme, la même proportion, le même faire. Il n'y a pas de doute possible à cet égard : les mêmes ouvriers qui ont construit le porche ont élevé la nef & l'ont marquée ainsi de leurs initiales.

Mais, nous objectera-t-on, la construction de l'église actuelle doit être fixée à une époque postérieure. Elle fut élevée vers le milieu du xie siècle, car il est impossible de ne pas tenir compte d'un acte curieux conservé dans les archives du département de Vaucluse & qui ne peut remonter qu'à la fin de ce siècle.

Dans cet acte, les chanoines de Notre-Dame-des-Doms portent plainte contre les religieux du monastère de Saint-Ruf qui s'étaient détachés d'eux en 1038 pour reconstituer leur abbaye. Ils leur reprochent de ne plus leur envoyer comme par le passé leurs habiles tailleurs de pierre, leurs sculpteurs, leurs dessinateurs, pour travailler à la construction de l'église majeure (3).

A cela nous répondrons : La construction dont il est fait mention dans cette plainte est parfaitement évidente; elle a consisté dans la réfection totale des murs supérieurs de la nef, de la corniche à modillons qui la couronne, de la couverture avec sa crête, & dans la restauration de cette église, qui avait dû souffrir de la dernière invasion sarrasine. La différence des appareils, la sculpture de ces diverses parties dont le type est semblable à celle de Saint-Gilles, portent l'empreinte du style de la fin du xie siècle, & cette réparation est assez majeure pour avoir motivé les mots : ECCLESIE STRUCTURE.

On lit également dans *Gallia christiana* une charte importante qui s'exprime en ces termes : *Ego Gausselinus comes, & uxor mea Oda, & filii mei Arnulfus & Guillelmus, donamus Deo & ecclesiæ Sanctæ Dei Genitricis Mariæ de Doms quæ constructa est in civitate Avenica.....* Mais cette charte, datée de 853, écrite sous Lothaire, pouvant paraître apocryphe, nous ne faisons que la citer.

Quant au prolongement du chœur, on connaît parfaitement sa date : cette addition, grossièrement copiée sur les travées anciennes, a été faite sous l'épiscopat

---

(1) On sait que la partie supérieure du clocher fut détruite par Rodrigue de Lance, en 1410, lors du siège du Palais.
(2) Voir *Moyen-Age & Renaissance* de F. Seré & Paul Lacroix. — Beaux-arts, manuscrits, tome II.
(3) Voir à la *Monographie de Notre-Dame-des-Doms*, tome I, la note citant le texte latin.

APPENDICE DE L'ARCHITECTURE ROMANE

d'Azo Arioste, en 1671. Elle remplace l'abside ancienne, qui devait ressembler sans doute à celle de Saint-Quenin ou de Saint-Restitut, c'est-à-dire être décorée par des arcatures supportées par des colonnes aux chapiteaux à feuilles d'acanthe.

La petite église de Noves, celle de Saint Symphorien de Caumont, situées toutes deux très-près d'Avignon, semblent également confirmer cette présomption. La décoration de l'abside de ces deux édifices est semblable à celle de Saint-Quenin; les chapiteaux sont presque moulés, pour ainsi dire, sur ceux de la nef de Notre-Dame de Doms, les murs à l'intérieur & à l'extérieur sont couverts de sigles identiques; un seul, à Noves, a son caractère original; nous l'avons retrouvé à l'église de Pernes (Vaucluse). C'est l'accouplement des lettres G, I, ou G, N, I, combinées de diverses manières.

Pernes (Vaucluse).

Les autres signes sont identiques à ceux de Notre-Dame-des-Doms; ils appartiennent au même alphabet & ont la même forme & le même caractère.

Il convient de mentionner ici Saint-Jean-de-Moustier d'Arles, reste d'un édifice empreint en tous points des mêmes caractères distinctifs (1).

St-Jean-de-Moustier-Arles.

La nef de l'église de Saint-Trophime, tout comme celles de Saint-Sauveur d'Aix & de Cavaillon, d'une ordonnance architecturale conforme à celle de Notre-Dame-des-Doms, avec colonnes cantonnées, appartiendrait donc également à cette période carlovingienne.

A Saint-Trophime, sur la façade ancienne (nous ne parlons pas du portail, bien entendu), on retrouve en grand nombre les sigles de Notre-Dame-des-Doms.

L'église métropolitaine d'Arles aurait été fondée sous le vocable de Saint-Étienne, d'après les anciennes chroniques, en 601, par saint Virgile (2) d'après les *Lettres grégoriennes*. Très-positivement, elle existait en 813, car un concile se réunit dans ses murs sous Jean II, archevêque d'Arles (3). Elle ne prit le nom de Saint-Trophime qu'en 1152, lors de la translation des reliques du saint évêque, qui étaient déposées à Saint-Honorat; époque probable de la construction de son magnifique portail.

Or nous avons visité les substructions romaines sur lesquelles s'élève la nef actuelle de Saint-Trophime : on ne peut reconnaître dans ces débris que les restes du prétoire qui, suivant la tradition, servit d'église au premier apôtre de l'Église d'Arles. C'est une construction antique en briques & pierres alternées dans les voussoirs; elle est reconnue pour telle par tous ceux qui l'ont vue. Examinons d'abord les principaux sigles gravés sur les assises de Saint-Trophime, à l'extérieur & à l'intérieur. (*Appendice*, pl. VII, fig. 1 à 18.)

Quelques signes lapidaires de l'église de Saint-Trophime (Arles).

(1) *Architecture romane*, tome Ier, planches 16 & 17.
(2) Voir *Gallia christiana*, page 541, tome Ier. — Petrus Saxius, *Historia*.
(3) *Gallia christiana*, page 545, tome Ier.

Quelques signes lapidaires de l'église de Saint-Trophime (Arles).

Après cet examen comparatif, poursuivons nos citations. La construction de l'église Saint-Honorat-des-Aliscamps est aussi, on le sait, attribuée à Saint-Virgile par les mêmes autorités. Comparons également les marques dont les appareils de cet édifice sont couverts avec celles précédemment citées; remarquons aussi les mêmes pointillés, les mêmes tailles. — (*Appendice*, pl. II, fig. 5, pl. VI, fig. 9.)

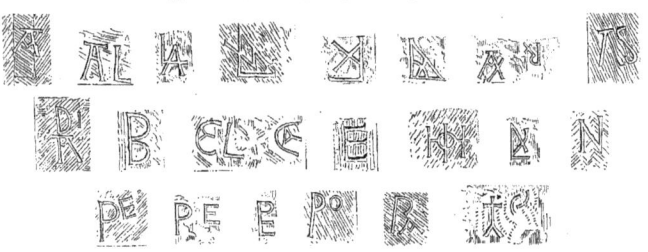

Signes lapidaires de l'église Saint-Honorat-des-Aliscamps (Arles).

Les mêmes marques se reproduisent donc identiquement sur ces deux édifices, & leur ressemblance est parfaite avec celle de Saint-Gabriel, de Notre-Dame-des-Doms, de Saint-Quenin, de Noves, de Saint-Jean-de-Moustier et de Saint-Symphorien. Mais il est un monument de cette époque qu'il ne faut pas passer sous silence : je veux parler de Notre-Dame de Vaison, dont la nef ressemble à celle de Notre-Dame-des-Doms, comme disposition, comme caractère de sculpture et d'ornementation.

On retrouve parmi les sigles lapidaires de cet édifice les lettres A, B, C, D, E, G (à faucille); I, L, M, N, O, P, Q, R, S, T, V, de même forme que les alphabets précédents : à ces marques il faut ajouter les suivantes, qui ont un caractère particulier :

Quelques signes lapidaires de l'église Notre-Dame de Vaison (Vaucluse).

Mais il est une observation bien plus péremptoire, que nous avons déjà faite en étudiant l'église de Saint-Restitut, fort peu distante de Vaison. C'est que nous retrouvons

xviii APPENDICE DE L'ARCHITECTURE ROMANE

le nom de VÇO écrit de la même manière, avec des caractères de même dimension sur trois appareils différents dans les claveaux des arcades de la première travée. (*Appendice*, pl. VI, fig. 4, 5, 6, 7.)

Évidemment le même maître ès pierre avait dirigé les ouvriers, qui contribuèrent à l'édification de ces deux monuments.

A quelques lieues plus loin, au pied du mont Ventou, à Beaumont, se trouve une petite chapelle, dite du Saint-Sépulcre, dont les sculptures, les moulures & les détails sont conformes à ceux de l'église de Vaison. Les impostes de l'intérieur sont ornées de corniches à modillons comme au porche de Notre-Dame-des-Doms. Des sigles nom-

Principaux signes lapidaires de l'église de Beaumont (Vaucluse).

breux parfaitement semblables à ceux que nous venons d'étudier, & le nom de VÇO se retrouvent encore plusieurs fois au milieu des marques gravées sur les assises de ce petit édifice religieux.

De l'église de Vaison, passons à celle de Saint-Paul-Trois-Châteaux. Les trois absides & les transepts de cet édifice, intérieurement & extérieurement, sont couverts de marques de tâcherons semblables en tous points à celles précitées. Le caractère de la sculpture & la taille en fougère (*Appendice*, pl. III, fig. 6), sont les mêmes que ceux des monuments que nous venons d'étudier. Et parmi les sigles nous remarquons de petits ornements, des sujets gravés dans l'épaisseur de la pierre & jetés sans ordre au milieu des appareils de la partie la plus ancienne.

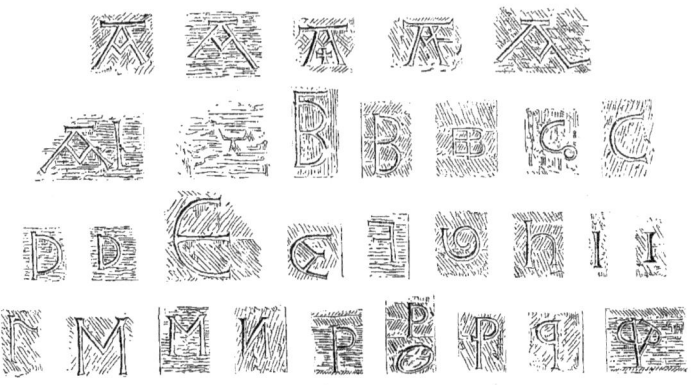

Principales marques lapidaires de l'église de Saint-Paul-Trois-Châteaux (Drôme).

DU MIDI DE LA FRANCE.

XIX

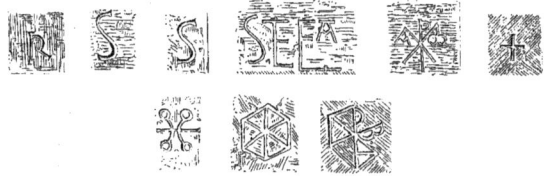

Principales marques lapidaires de l'église de Saint-Paul-Trois-Châteaux (Drôme).

La nef, la porte de la façade, le porche latéral, par leur ornementation, par leurs détails bien différents, appartiennent au xiie siècle & semblent dus aux ouvriers qui bâtirent les façades de Saint-Gilles, de Saint-Trophime & de Sainte-Marthe de Tarascon. Mêmes pilastres, mêmes profils, mêmes feuilles d'acanthe contournées & frisées & même caractère dans les réminiscences de certains ornements antiques, interprétés comme dans la sculpture de ces deux grands frontispices. Cette opposition dans le même monument forme un contraste saisissant, tout en faveur de notre classification.

La découverte du nom de ce maître ès pierre, VÇO, semble avoir été notre talisman dans ces recherches minutieuses.

Descendons dans la crypte de la cathédrale d'Apt, nous le retrouverons écrit exactement de la même manière qu'à Saint-Restitut, qu'à Vaison & qu'à Beaumont. (*Appendice*, pl. VI, fig. 10.) Au bas de l'escalier primitif qui conduit de la plus ancienne nef, dite du Sauveur, à la crypte de Sainte-Anne, sur le tympan d'une étroite porte cintrée, dont tous les appareils sont couverts des signes & tailles précitées, on lit VÇO en caractères profondément gravés; & à la suite un M & un F sont tracés à la pointe. Ces caractères sont de même forme, de même dimension qu'à Saint-Restitut & à Beaumont. Ne peut-on pas interpréter ces deux lettres M & F par les mots : ME FECIT.

VÇO a donc signé cette crypte, couverte des pointillés, fougères & initiales de ses ouvriers.

Signes lapidaires & tailles de la crypte d'Apt (Vaucluse).

Cette découverte établie, quelques observations chronologiques sur l'origine de la cathédrale d'Apt nous apporteront également de nouvelles preuves pour la justification de notre système.

On sait, en effet, que c'est sous le pontificat de Marguericus, évêque d'Apt en 788 ou 791, que le corps de sainte Anne fut retrouvé sous la crypte inférieure à celle bâtie

APPENDICE DE L'ARCHITECTURE ROMANE

par UGO. Cette crypte est une sorte de catacombe, dont l'origine primitive ne saurait être contestée. On dut, à cette époque, sans doute, élever la crypte supérieure en l'honneur de la mère de la sainte Vierge, dont les restes furent l'objet de la vénération empressée des fidèles.

L'abbé Roze, dans son *Histoire d'Apt* (1), en parlant de sa cathédrale, s'exprime fort judicieusement en ces termes :

« Et d'abord, en supposant que notre église cathédrale ait été détruite par les Sar-
« rasins, lors de la première incursion qu'ils firent en Provence, en 737, il est peu
« vraisemblable qu'on ait pu la reconstruire sous la mairie de Charles Martel, qui mou-
« rut en 741, un intervalle de trois ou quatre ans n'ayant pas dû suffire aux habitants
« pour l'achèvement de cet ouvrage, après les pertes qu'ils avaient essuyées & la des-
« truction presque totale de leur ville. Il n'y a pas moins d'inconvénient à mettre le
« rétablissement de cet édifice sous le règne de Charles le Chauve, vu que ce prince
« ne monta sur le trône qu'en 833, & que nos mémoires nous apprennent que notre
« église fut démolie une seconde fois par les Sarrasins, vers l'an 852, d'où il suit qu'on
« l'avait nécessairement rétablie auparavant. Il faut donc choisir un temps plus conve-
« nable & la faire rebâtir & consacrer dans le siècle de Charlemagne, à peu près vers
« le milieu de son règne. » . . . . »

On lit d'autre part dans *Gallia christiana*, page 357, tome I, que, vers l'an 1048, l'évêque aptésien Elifantus restaura son église ; il est en effet facile de reconnaître les traces de cette restauration, car on voit mêlée à des corniches latines, sculptées comme celles de Notre-Dame-des-Doms, une ornementation bien plus avancée & d'un caractère xie & xiie siècles très-accentué, & les tailles en fougères et en pointillés ne se découvrent que dans les assises inférieures des deux nefs.

La crypte & une partie de l'église d'Apt existaient donc avant Elifantus, & ces caractères distinctifs dans cette crypte & dans les appareils inférieurs de la nef latérale, tout, comme une partie des sculptures de cet édifice, nous permettent d'ajouter ces deux constructions à notre nomenclature.

Crypte de Sainte-Blandine d'Ainay (Lyon).

Crypte d'Apt (Vaucluse).

Crypte de Saint-Momolus, à Saint-Benoît-sur-Loire.

Nous avons visité les cryptes de Saint-Laurent de Grenoble, de Sainte-Blandine, à Ainay, de Saint-Momolus à Saint-Benoît-sur-Loire, de Saint-Avit & de Saint-Aignan, & nous avons été frappé de la similitude parfaite des profils de ces divers édifices sou-

---

(1) *Histoire d'Apt*, par l'abbé Roze, 1820, page 66.

DU MIDI DE LA FRANCE.

terrains avec la crypte d'Apt. On dirait que les mêmes ouvriers ont exécuté ces moulures.

A Pernes, dans l'église Notre-Dame, il y a plus encore : le portail latéral est presque semblable à celui de Notre-Dame-des-Doms ; les trois premières travées de la nef, moins les colonnes cantonnées supportant les arcs-doubleaux séparatifs, sont de la même ordonnance que celles de la métropole d'Avignon. La richesse décorative des colonnes cantonnées est remplacée par une frise à rinceaux qui court sous la corniche, supportant la voûte en ogive, & dans certaines parties de cette corniche, on retrouve le Daniel dans la fosse aux lions avec l'Ange & le prophète Habacuc, l'Adam & l'Ève de la chapelle de Saint-Gabriel. On est tellement frappé de l'identité du faire de ces bas-reliefs, qu'on est tenté de croire qu'ils sont l'œuvre du même sculpteur.

Répétons ici que ce monument possède également ses marques de tacherons d'un alphabet identique à ceux précités, & de nombreuses tailles en fougère ou ponctuées sur les trois premières travées à l'intérieur & à l'extérieur *(Appendice*, pl. V, fig. 1 & 7) : encore une preuve importante que celle fournie par cette similitude dans l'iconographie, la sculpture & les détails de ces appareils ornés. De plus, ce vaisseau porte des traces incontestables d'une restauration du XIIe siècle ; ce sont principalement les trois dernières travées & la façade. La sculpture de la frise de cette partie de la nef change brusquement de caractère, & on reconnaît les feuilles d'acanthe tourmentées & percées de nombreux trous de gouge de la sculpture du cloître d'Arles & de la façade de Saint-Gilles.

Nous devons ici mentionner l'église de Cavaillon.

La nef est encore semblable en tous points à celle de Notre-Dame-des-Doms ; on retrouve sous le badigeon les mêmes sigles. A droite, le grand vaisseau est couronné extérieurement par une frise à rinceaux, comme celle extérieure de Vaison & comme celle intérieure de la nef de Pernes, & les marques de tacherons de même alphabet sont gravées sur les assises de même dimension & de même appareil sur lesquelles repose cette corniche. Cette frise ornée est remplacée à gauche par une frise à personnages. Un homme sonne de l'olifant, cet instrument essentiellement carlovingien ; puis Adam et Ève, même type, même caractère qu'à Saint-Gabriel ; &, à la suite de ces scènes bibliques, des sujets variés de chasse et d'animaux ; on observe le même faire, les mêmes marques caractéristiques de tacherons dans ces divers détails.

Cette frise comme celle de Pernes sont des spécimens de sculpture carlovingienne des plus importants, & leur examen ne laisse aucun doute sur leur contemporanéité avec les sculptures de Saint-Gabriel.

Nous terminerons par un dernier exemple, par la tour qui sert de clocher à la cathédrale de Viviers. *(Appendice*, pl. IV, fig. 4, 6, 7, 9, 10, 11, 14.) Sans nous

Signes lapidaires de la tour de la cathédrale de Viviers (Ardèche).

attacher à savoir quelle était la destination de ce monument curieux avant de servir de clocher, remarquons que la grande salle du premier étage est surmontée d'une coupole à quatre faces, & que cette coupole est couverte des sigles & des lettres que nous venons de faire connaître. Au milieu de ces initiales, on découvre gravés sur les quatre faces le nom de SALARDVS, & une fois celui de PETRVS, accouplé avec celui de LANS, que nous ajouterons à ceux de VÇO, JOANNES, BONVS, STEFANVS, BERTRANDVS, SALVATOR & PONCIVS, que nous avons déjà signalés.

On observe parmi les signes lapidaires gravés au bas de cette tour un B, en tout conforme à ceux des monnaies au type chartrain. (*Appendice*, pl. IV, fig. 9.) De même l'R & l'I des monnaies carlovingiennes se retrouvent accouplées souvent dans les sigles que nous avons dessinés dans les divers édifices précités.

Mais la fantaisie des ouvriers s'est surpassée dans cette coupole couverte d'ornements capricieux & de sujets de chasse sculptés dans des arcatures & pris dans l'épaisseur de la pierre.

Sujets & ornements sculptés sur les assises de la coupole de la tour de la cathédrale de Viviers (Ardèche). Fig. ci-dessus.

Rapidement jetée au hasard sur tel ou tel appareil, comme dans la voûte de la chapelle de Saint-Gabriel, & sur les murs de Saint-Paul-Trois-Châteaux, toute cette sculpture a le même caractère que celle des sujets ou détails d'ornements de Saint-Gabriel, de Pernes & de Cavaillon. Saint-Symphorien de Caumont près Avignon, Saint-

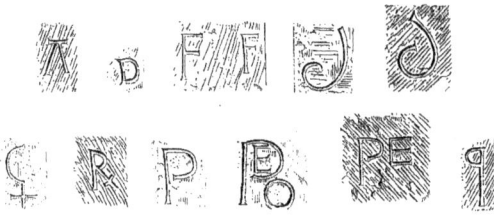

Signes lapidaires de Saint-Blaise (Arles).

Blaise & Saint-Jean-de-Moustier à Arles, l'église du Groseau près Malaucène, la petite église de Vaucluse, quelques parties des constructions de Sainte-Marthe de Tarascon,

Signes lapidaires de Sainte-Marthe de Tarascon (Bouches-du-Rhône).

la crypte & une partie de l'église de Montmajour, Saint-Victor de Fontvieille, Notre-Dame & Saint-Marcelin de Boulbon, Saint-Polycarpe à Bourg-Saint-Andéol, Notre-Dame-d'Aubune près Carpentras; la partie ancienne de la cathédrale de Saint-Siffrein dans cette ville, travail remarquable comme exécution & dont le G en faucille d'VÇO contre-signe l'origine, sont aussi des monuments carlovingiens en tout ou en partie, dont l'examen des plus intéressants, fournit des preuves nombreuses en faveur de notre système de classification.

Signes lapidaires de la crypte du Saint-Polycarpe, Bourg-Saint-Andéol (Ardèche).

Nous avons observé dans l'abside actuelle de l'église de Lérins, autrefois façade de cet édifice, les mêmes signes, & lettres dans les parties inférieures jusqu'à la hauteur moyenne de deux mètres. Tout le reste de ce monument, dont il est facile de reconnaître les remaniements successifs, n'est pas postérieur au milieu du xe siècle.

Le mur de soubassement de l'église de Saint-Raphaël près Fréjus est aussi couvert de tailles de fougères & de marques de tacherons semblables à celles que nous venons de reproduire.

Il existe donc dans le midi de la France, & en assez grand nombre, presque

APPENDICE DE L'ARCHITECTURE ROMANE

complets ou restaurés, des monuments antérieurs au xi.e siècle, & ces édifices, qui ont emprunté leurs détails à l'art antique, ont été construits par des corporations ouvrières dont nous avons pu découvrir les principaux chefs & les signes maçonniques.

Les caractères distinctifs de ces monuments sont au nombre de cinq; on les retrouve presque toujours réunis dans le même édifice:

1° Profils & sculptures imités de l'art antique;

2° Construction en grands carreaux de pierre, intervalles des chaînes quelquefois remplis par de la maçonnerie en petit appareil;

3° Taille en chevron ou fougère;

4° Sigles & lettres imités de l'alphabet romain: particularité dans la forme de l'H, du G, de l'M & de la terminaison en queue de poisson de ces caractères. Monogramme du Christ, nom d'ouvrier quelquefois. Tous ces sigles sont placés sans ordre aucun; ils étaient gravés probablement avant la pose des appareils;

5° Travail pointillé sur ces appareils. Cette coutume, qui semblerait indiquer les signes d'une sorte de franc-maçonnerie, se retrouve dans tous les monuments de cette époque & de ce style sans exception.

Revenons sur quelques-uns de ces caractères.

La sculpture d'ornement se compose ordinairement de feuilles d'acanthe à pointes aiguës; elle est méplate, la jonction des feuilles forme une sorte de frisure. Les oves, les consoles à modillons antiques, les perles, les raies de cœur, les chapiteaux, sont une imitation du chapiteau corinthien ou composite; enfin presque tous les détails appartiennent à l'ornementation du Bas-Empire.

Mais il est une autre influence qu'il faut signaler, c'est celle de l'art byzantin & de l'art arabe mêlée à l'influence de l'art antique. C'est ainsi que nous voyons à Vaison, à Saint-Trophime, à Saint-Honorat, des corniches à modillons, enrichies d'une ornementation méplate & toute orientale se mêlant à d'autres détails qu'on attribuerait volontiers à un artiste romain.

Les lettres de tacherons, empruntées en grande partie à l'alphabet romain, ont cependant un caractère tout particulier, comme forme souvent, & comme terminaison en queue de poisson presque toujours. Le G en faucille est une lettre *même* mérovingienne; le G en colimaçon se retrouve mêlé avec lui dans les mêmes monuments. L'A, l'H, l'M, le Q & l'U ont aussi leur cachet distinctif. Le monogramme du Christ, quelquefois un ornement pris dans l'épaisseur de la pierre, comme à Saint-Gabriel & à Viviers, remplacent les signes alphabétiques. Toutes ces marques sont placées sans ordre, droites, couchées ou obliques, parce qu'elles étaient gravées avant la pose, comme il a été dit plus haut.

La seconde catégorie de signes particuliers adoptés par cette grande association carlovingienne des ouvriers du midi de la France mérite la plus minutieuse attention.

La variété des tracés de ces dessins en pointillés ou en barbes de plume est aussi remarquable que celle des diverses tailles de parements: ces dessins sont à peine indiqués.

Le plus souvent deux diagonales sont tracées sur la surface rectangulaire de l'appareil, & le long de ses lignes & de l'encadrement sont gravées des barbes de plume qui suivent leur inclinaison en se contrariant; l'intervalle est orné soit par des pointillés, soit par des tailles en fougères. Quelquefois sur trois barbes de plume horizontalement placées, s'élèvent cinq, six ou sept barbes de plume droites, ou bien ces barbes de plume forment une couronne, ou entourent des arcs de cercle. Du reste, les nombreux exemples de nos planches reproduisent les principaux types de ces signes mystérieux.

Mais cette discussion serait incomplète si nous ne disions un mot de l'église de Germigny-des-Prés, qui semble de prime abord apporter des éléments contradictoires à la théorie que nous venons d'exposer & de défendre.

Nous avons visité ce monument curieux, après avoir pris connaissance de tout ce qui a été écrit ou publié sur son origine, sur son ordonnance architecturale & sur ses divers détails.

Mentionnons d'abord la savante dissertation de M. Mérimée, relative à ce monument & publiée dans la *Revue d'Architecture*, tome VIII, page 115 :

« Les ornements sculptés ou moulés, dit-il, surtout ceux des archivoltes de la tour
« du clocher, sont empreints d'un caractère tout antique malgré leur grossièreté, rappe-
« lant beaucoup plus le style du Bas-Empire que les essais de l'architecture romane. . .
« . . . . . il est impossible de ne pas y reconnaître une tradition romaine, etc. . . etc. »

En examinant les documents précieux de M. Bouet, publiés dans le *Bulletin monumental*, page 571 (34ᵉ vol.), nous voyons, d'une part, dans l'inscription gravée sur les tailloirs des chapiteaux, des lettres semblables à celles de notre alphabet de tacherons du Midi, & des accouplements de caractères que nous retrouvons également partout.

En comparant les imposes des piliers avec ceux de la crypte d'Apt, donnés plus haut, nous leur trouvons une similitude frappante : c'est la même gorge ornée des mêmes billettes découpées.

Nous remarquons également à Germigny-des-Prés une ordonnance architecturale,

Stucs de Germigny-des-Prés (Loiret).

des profils romains, des appareils, comme voussoirs & assises, conformes à ceux de nos monuments carlovingiens, & des indications de tailles dans les parties inférieures des piliers.

1.

Quant aux consoles, chapiteaux ou ornements, c'est aussi le même type, mais plus grossièrement sculpté. Nous avons estampé les ornements en stuc de Germigny-des-Prés, &, en comparant ces ornements à ceux de la voûte du clocher de Viviers, nous avons été frappé de leur similitude comme dessin & comme faire.

On pourrait nous objecter que l'exécution de l'église de Germigny est bien grossière, que ses détails sont bien imparfaits mis en parallèle avec ceux de nos monuments du Midi. Est-il étonnant de ne pas retrouver dans le Nord, comme dans notre Midi, des artistes plus familiarisés avec la reproduction de l'art antique, objet de leurs premières études, & dont les modèles étaient placés sous leurs yeux?

N'est-il pas permis également de supposer que ces chapiteaux ajustés sur des tailloirs qui n'étaient évidemment pas faits pour les recouvrir, que ces colonnettes trapues provenaient d'une église primitive, & ont été mêlés aux profils vraiment carlovingiens & de style latin des piliers ; et que la célébrité de cette petite église de Théodulfe lui venait surtout de la richesse de ses mosaïques & de ses pavés, œuvre remarquable d'artistes byzantins?

Nous croyons donc fermement que l'art architectural n'a jamais sommeillé sous notre beau ciel de Provence & du Languedoc, depuis le jour où les Romains ont posé sur le sol de ces provinces les premières pierres de ces beaux monuments qui devinrent, pour les générations suivantes de maîtres ès pierre, la source précieuse où ils puisèrent leurs plus heureuses inspirations.

A.-H. REVOIL.

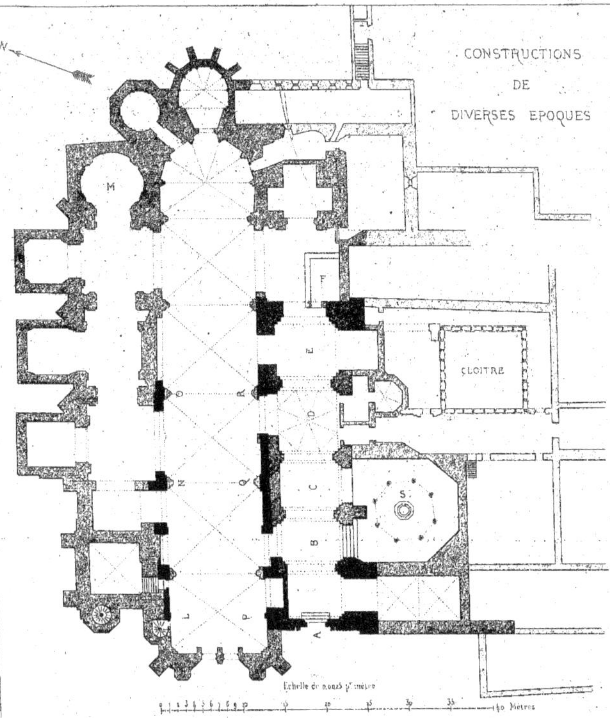

ARCHITECTURE ROMANE

APPENDICE Pl. I

CONSTRUCTIONS DE DIVERSES ÉPOQUES

RESTES DE LA NEF DU PRÉVÔT BENOÎT

LÉGENDE
A.B.C.D.E Oratoire du Sauveur
S Église du Baptistère de St Jean
P Petit Oratoire de la Madeleine

LÉGENDE
P.Q.R Constructions du Prévôt Benoît
L.N.O Id
M Emplacement de la Chapelle Notre-Dame

COUPE DONNANT LA FACE P.Q.R

H. REVOIL DEL. CH. BURY SC.

ÉGLISE CATHÉDRALE D'AIX
(BOUCHES-DU-RHÔNE)

A. MOREL, Éditeur Imp. Lemercier et Cⁱᵉ Paris

ARCHITECTURE ROMANE

APPENDICE PL. II

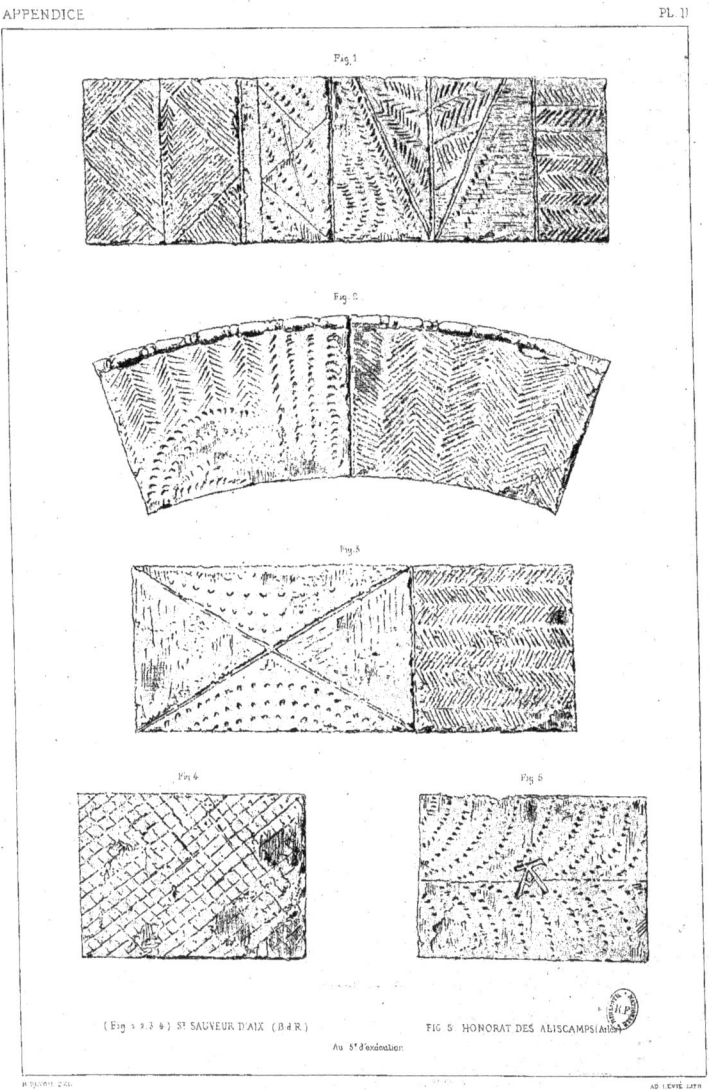

(Fig. 1, 2, 3, 4) S.T SAUVEUR D'AIX (B.d.R.)   FIG 5 HONORAT DES ALISCAMPS (Arles)

Au 5.e d'examination

TAILLES ET SIGNES LAPIDAIRES

A MOREL Editeur   Imp Lemercier & C.ie Paris

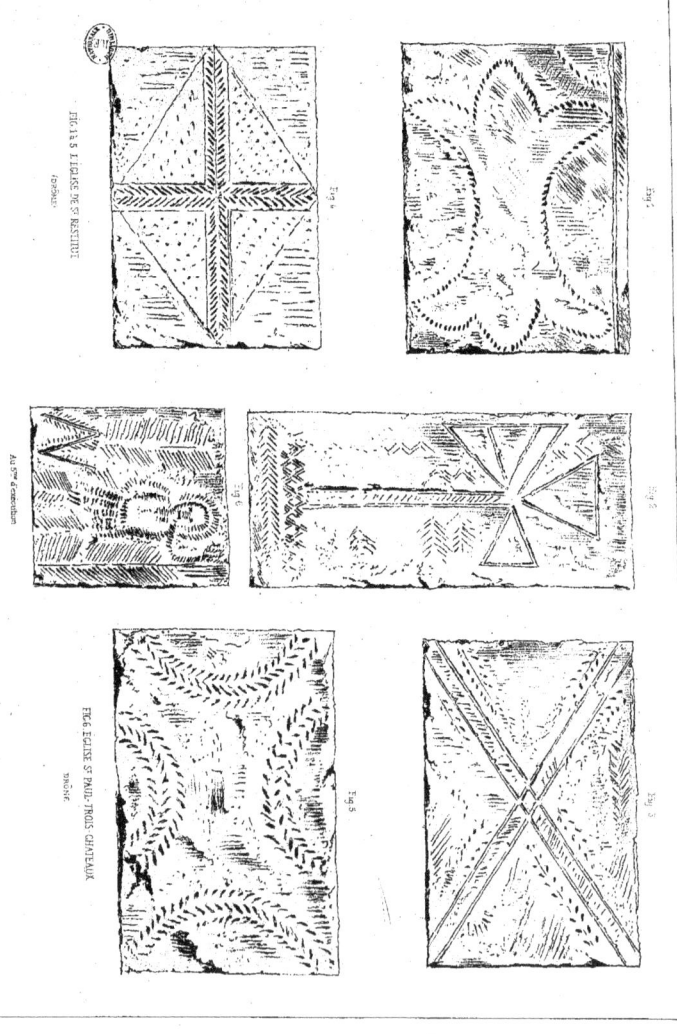

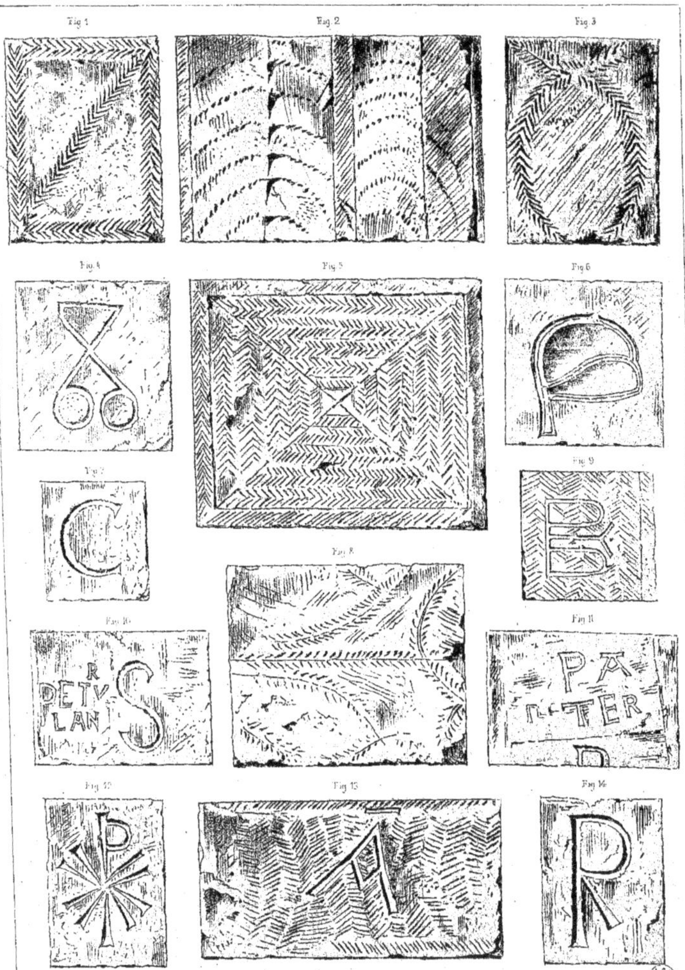

ARCHITECTURE ROMANE

APPENDICE — PL. IV

TAILLES ET SIGNES LAPIDAIRES

APPENDICE — ARCHITECTURE ROMANE — PL. V

TAILLES ET SIGNES LAPIDAIRES

FIG. 4. 6. ÉGLISE DE ST RESTITUT (Drôme)

FIG. 7. 8. ÉGLISE DE PERNES (Vaucluse)
(xıı.ᵉ et xııı.ᵉ descriptions)

FIG. 1.2.3.5.8.9 ÉGLISE DE ST GABRIEL. (B.du R.)

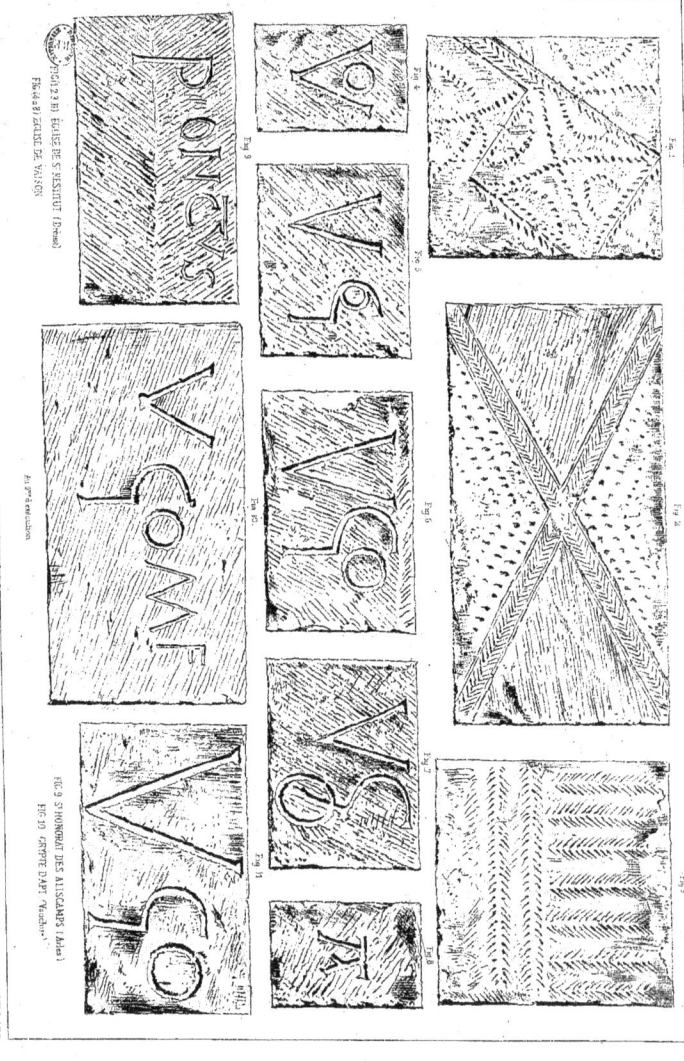

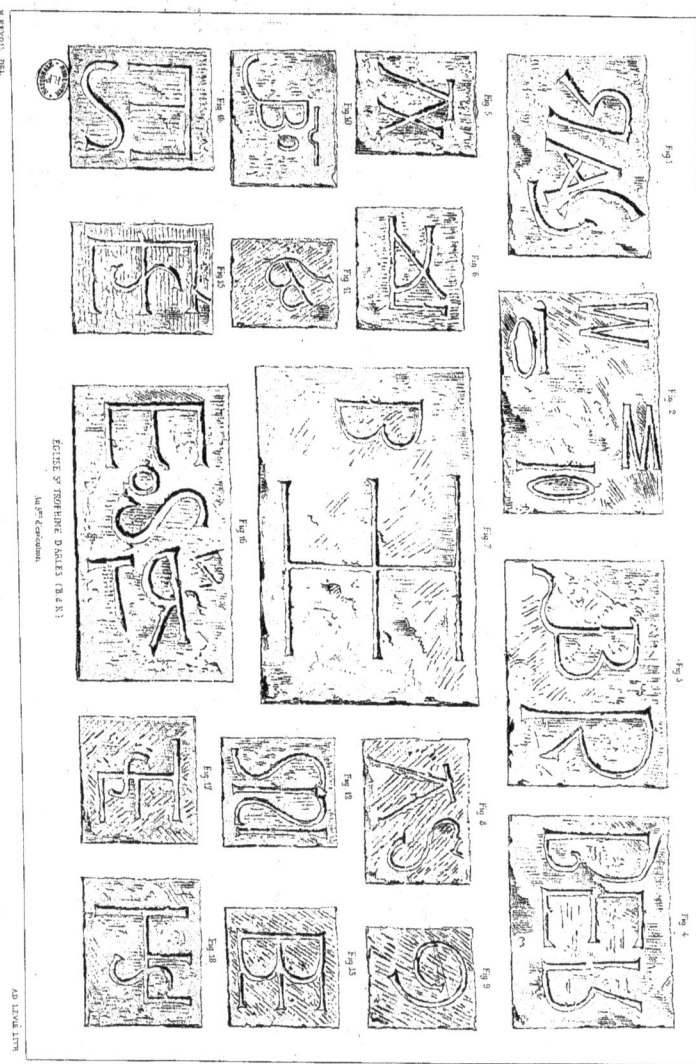

www.ingramcontent.com/pod-product-compliance
Lightning Source LLC
Chambersburg PA
CBHW071944160426
43198CB00011B/1531